Madeleine Ward

L'effetto dell'apprendimento misto sulla e-socializzazione degli adulti anziani

AF151586

Madeleine Ward

L'effetto dell'apprendimento misto sulla e-socializzazione degli adulti anziani

ScienciaScripts

Imprint

Any brand names and product names mentioned in this book are subject to trademark, brand or patent protection and are trademarks or registered trademarks of their respective holders. The use of brand names, product names, common names, trade names, product descriptions etc. even without a particular marking in this work is in no way to be construed to mean that such names may be regarded as unrestricted in respect of trademark and brand protection legislation and could thus be used by anyone.

Cover image: www.ingimage.com

This book is a translation from the original published under ISBN 978-3-330-08887-0.

Publisher:
Sciencia Scripts
is a trademark of
Dodo Books Indian Ocean Ltd. and OmniScriptum S.R.L publishing group

120 High Road, East Finchley, London, N2 9ED, United Kingdom
Str. Armeneasca 28/1, office 1, Chisinau MD-2012, Republic of Moldova, Europe
Printed at: see last page
ISBN: 978-620-7-38850-9

INDICE DEI CONTENUTI

Capitolo 1   **3**

Capitolo 2   **5**

Capitolo 3   **10**

Capitolo 4   **13**

Capitolo 5   **15**

Capitolo 6   **24**

Capitolo 7   **32**

Astratto

L'istruzione mista, una combinazione di lezioni in aula e online, sta diventando sempre più popolare. L'apprendimento misto è vantaggioso perché offre la flessibilità dell'apprendimento online e gli aspetti sociali dell'aula. Per questo studio sull'apprendimento misto, due gruppi di adulti anziani, di età compresa tra i 60 e gli 85 anni, hanno partecipato a una formazione sui social network e sulle abilità informatiche, sia in un ambiente di apprendimento misto $(n = 9)$ sia in un'aula tradizionale $(n = 8)$. Si sono svolte due sessioni di formazione al computer e i dati delle due sessioni sono stati combinati, poiché sono state svolte in modo identico, tranne che per la durata di ciascuna sessione. Ai fini della valutazione, l'efficacia e il grado di soddisfazione dell'insegnamento in aula rispetto a quello misto sono stati valutati mediante quiz settimanali e questionari pre e post corso. I risultati di questo studio con metodi misti hanno indicato che le competenze informatiche degli studenti sono aumentate significativamente dopo la formazione, come determinato dalle autovalutazioni fornite dai partecipanti. Inoltre, l'aumento è stato leggermente maggiore per il gruppo misto rispetto al gruppo in aula, anche se non si tratta di una differenza statisticamente significativa $(p>.05)$. I partecipanti si sono anche dichiarati soddisfatti dei corsi di informatica, indipendentemente dal tipo di insegnamento. Solo per il gruppo di apprendimento misto, è stata effettuata una sessione di follow-up sotto forma di intervista di focus group per ottenere ulteriori informazioni sul formato del corso misto. Sei dei nove partecipanti hanno dichiarato che sarebbero stati motivati a seguire altri corsi nell'ambiente di apprendimento misto. I risultati di questo studio possono contribuire alla letteratura, poiché esistono poche ricerche sull'efficacia e sul grado di soddisfazione degli adulti più anziani rispetto all'istruzione in aula per la formazione sulle competenze informatiche.

1. INTRODUZIONE

Gli anziani sono uno dei gruppi di utenti di Internet in più rapida crescita. Un sondaggio condotto nell'aprile 2012 ha indicato che il 53% degli adulti americani di età superiore ai 65 anni utilizza Internet o la posta elettronica, un aumento significativo rispetto al 40% dell'agosto 2011. Anche gli anziani che utilizzano i siti di social networking sono aumentati in modo significativo negli ultimi anni, con un incremento del 150% da aprile 2009 (13%) a maggio 2011 (33%). A febbraio 2012, un senior online su tre (34%) utilizza siti di social networking come Facebook, e il 18% lo fa quotidianamente. In confronto, il metodo di comunicazione online preferito dagli anziani è l'e-mail (Zickuhr & Madden, 2012).

Gli anziani possono trarre grandi benefici dall'acquisizione di competenze relative ai social network e al computer. Alcuni di questi benefici includono: (a) migliorare la qualità della vita, sentendosi più indipendenti e in controllo, (b) aumentare le interazioni interpersonali, (c) migliorare la salute mentale, alleviando la depressione (d) soddisfare i bisogni di auto-realizzazione, sentendosi responsabilizzati, e (e) promuovere un maggiore funzionamento cognitivo. Kim (2008) afferma che l'uso di Internet offre agli anziani opportunità di apprendimento permanente, migliora le loro relazioni emotive con le famiglie e gli amici e li aiuta a rimanere attivamente impegnati nella società. Inoltre, gli anziani con difficoltà motorie possono partecipare all'apprendimento online e utilizzare strumenti di comunicazione online, aumentando la loro capacità di partecipare alle attività educative e alle reti sociali (Chaffin & Harlow, 2005; Swindell, 2002).

Pertanto, l'apprendimento delle abilità informatiche può essere molto utile per gli adulti più anziani. Inoltre, è molto importante indagare quale sia il metodo didattico più efficace per insegnare queste abilità. Lo scopo di questo studio a metodo misto è stato quello di verificare se gli adulti più anziani trovassero l'apprendimento misto altrettanto efficace e soddisfacente dell'apprendimento in classe durante la frequenza di una serie di otto corsi di informatica. Inoltre, il ricercatore ha indagato se i partecipanti all'ambiente di apprendimento misto fossero motivati a seguire altri corsi misti o online.

Il problema della ricerca è la mancanza di ricerche su quali metodi didattici siano più efficaci e soddisfacenti per gli adulti più anziani che imparano le abilità informatiche. Pertanto, ho deciso di condurre uno studio che indagasse su questo fenomeno.

Pertanto, le mie domande di ricerca erano:

1. Ci sarebbe una differenza tra l'apprendimento misto e l'apprendimento in classe in base ai risultati dei quiz?
2. Gli studenti sarebbero più soddisfatti dei corsi di informatica nel gruppo misto o nel gruppo in aula?
3. Gli studenti del gruppo misto indicherebbero di essere motivati a seguire altri corsi misti in futuro?

Per rispondere a queste domande sono stati raccolti dati quantitativi e qualitativi. Pertanto, i dati sono stati ottenuti da quiz online, da questionari pre e post corso (contenenti domande a risposta chiusa e aperta) e da un'intervista in un focus group.

Questo studio può contribuire alla letteratura, poiché attualmente esistono poche ricerche sui punteggi di efficacia e sulla soddisfazione degli adulti più anziani nei confronti dell'istruzione mista (in aula/online) rispetto a quella in aula. Inoltre, gli adulti più anziani che partecipano a questo studio avranno l'opportunità di seguire corsi in un ambiente misto o online, il che potrebbe incoraggiarli e motivarli a seguire altri corsi misti o online.

2. REVISIONE DELLA LETTERATURA

Peterson (1990) definisce la gerontologia educativa come "lo studio e la pratica degli sforzi educativi per e sugli anziani e l'invecchiamento" (p. 3). Secondo Peterson, le due aree principali della gerontologia educativa sono (a) le tecniche di istruzione per gli studenti anziani e (b) l'istruzione per gli individui che lavorano con gli adulti anziani. Mentre l'andragogia si riferisce alla teoria e alla pratica educativa degli adulti in generale, la geragogia si riferisce alle teorie e alle pratiche della popolazione adulta anziana (Battersby & Glendenning, 1992, Moody, 1985). Sia l'andragogia che la geragogia presuppongono che i discenti adulti siano autodiretti, abbiano varie esperienze di vita che favoriscono l'apprendimento e siano interessati a programmi che migliorano le loro conoscenze e competenze, soprattutto se sono associati a questioni rilevanti per la loro vita personale (John, 1988). Pertanto, è essenziale che l'apprendimento degli anziani sia guidato dal discente e che essi siano coinvolti nella pianificazione e nell'esecuzione dei programmi educativi (Brubaker & Roberto, 1993; Girton, 1995; Hiemstra, 1980). Secondo Charness, Czaja e Sharit (2007) l'approccio "imparare mentre si applica" è efficace per gli studenti in tarda età.

Erickson & Noonan (2010) hanno esaminato gli adulti in tarda carriera e i metodi didattici online. Lo studio ha analizzato sia il rendimento accademico sia le esigenze di supporto didattico degli adulti in tarda carriera (di età compresa tra i 50 e i 65 anni) in un corso online rispetto agli adulti in fase iniziale di carriera (di età compresa tra i 21 e i 35 anni) e a metà carriera (di età compresa tra i 36 e i 49 anni). I risultati dello studio hanno mostrato che gli adulti in tarda carriera erano soddisfatti del corso online e hanno trovato l'esperienza più gratificante rispetto ai loro coetanei in età precoce e intermedia, nonostante le differenze nelle capacità tecniche. Gli adulti in tarda carriera hanno ottenuto alti livelli di successo nel corso online: tutti i 51 partecipanti hanno superato con successo il corso, un terzo degli studenti ha ottenuto una A (90-100%) e due studenti hanno ottenuto una B (8089%). Gli adulti in carriera hanno inoltre dichiarato di essere soddisfatti del corso perché era direttamente applicabile al loro lavoro.

I risultati ottenuti da Erickson & Noonan (2010) sono in contrasto con i risultati di uno studio di Lakin et al. (2008), in cui gli adulti più anziani hanno dichiarato di preferire l'istruzione tradizionale, faccia a faccia, rispetto a quella online. Le ragioni della loro preferenza sono state le scarse competenze informatiche e la perdita dei contatti faccia a faccia. Tuttavia, Erickson & Noonan (2010) hanno riscontrato che, sebbene gli adulti in tarda età abbiano richiesto una maggiore assistenza tecnica rispetto ai coetanei in età precoce e intermedia, dopo aver ricevuto il supporto tecnico necessario hanno ottenuto risultati pari o superiori alle loro controparti più giovani. Inoltre, gli adulti in tarda età erano motivati a seguire altri corsi online grazie alla loro soddisfazione per il corso.

Morris e Ballard (2003) hanno analizzato le preferenze degli anziani per le strategie e le tecniche di insegnamento nei programmi di educazione alla vita familiare.

Il campione era composto da 250 adulti anziani di quattro gruppi di età diversi: 50-64, 65-74, 75-84 e 85 e oltre. I partecipanti hanno valutato 15 metodi di insegnamento utilizzando una scala di tipo Likert a 4 punti, che andava da *molto utile a per niente utile* (indicando una valutazione di livello 1 di Kirkpatrick). Dopo l'analisi fattoriale esplorativa sono rimasti tre metodi: Strategie didattiche di gruppo, Strategie di uso indipendente e Computer. I risultati hanno indicato che le strategie didattiche che utilizzano il computer hanno ricevuto la valutazione più bassa tra tutte le strategie didattiche. Tuttavia, hanno stabilito che le strategie didattiche orientate al gruppo, come l'apprendimento misto (apprendimento sincrono), potrebbero avere molti vantaggi per gli adulti più anziani, in quanto possono contribuire a ridurre l'isolamento sociale e la tecnofobia. Pertanto, l'istruzione mista può essere vantaggiosa per gli adulti più anziani, in quanto mescola gli aspetti migliori dell'apprendimento online con quelli dell'apprendimento in classe, fornendo agli adulti più anziani i benefici di entrambi i metodi didattici. Secondo Gutierrez (2006), gli utenti dell'ambiente di apprendimento misto possono trarre vantaggio dai benefici associati ai metodi faccia a faccia e online. Poiché le difficoltà tecniche possono essere un problema per gli studenti online di qualsiasi età, soprattutto per gli adulti più anziani o per coloro che hanno meno dimestichezza con i computer, l'istruzione mista offre agli studenti il vantaggio di familiarizzare con la tecnologia richiesta prima di tentare la sezione online di un corso. Swindell (2002) suggerisce di fornire agli studenti più anziani un supporto tecnico e l'uso di tecnologie note e stabili.

L'apprendimento misto è generalmente definito come la combinazione dell'istruzione faccia a faccia con i sistemi di istruzione a distanza (Osguthorpe & Graham, 2003). L'apprendimento misto è oggi comunemente utilizzato in molte organizzazioni di istruzione superiore, in particolare quelle che hanno incorporato l'istruzione a distanza e varie altre forme di e-learning. Nell'apprendimento misto, l'equilibrio tra istruzione online e faccia a faccia può variare per ogni corso. Alcuni corsi misti includono più strategie faccia a faccia che online, a seconda degli obiettivi didattici, delle caratteristiche degli studenti, dell'esperienza degli istruttori e delle risorse online. Alcuni corsi mescolano equamente le due forme di istruzione, mentre altri utilizzano maggiormente le strategie online, ricorrendo raramente al contatto faccia a faccia (Gutierrez, 2006).

L'apprendimento misto può essere vantaggioso perché offre la flessibilità dei corsi online combinata con gli aspetti sociali dei corsi in aula (Rovai & Jordan, 2004). Melton et al. (2009) hanno utilizzato un corso di apprendimento misto rispetto a un formato tradizionale di lezione frontale per valutare i risultati e la soddisfazione degli studenti in un corso di salute generale. I risultati dello studio hanno indicato che gli studenti hanno ottenuto voti finali più alti e sono stati significativamente più soddisfatti nel corso misto rispetto al corso frontale. Inoltre, il design di un corso misto può contenere un insegnamento attivo, in quanto gli studenti sono maggiormente responsabili dell'apprendimento dei contenuti da soli, mentre il tempo in classe è dedicato all'applicazione delle nuove conoscenze acquisite. Inoltre, l'apprendimento attivo può spiegare i voti più alti ottenuti dal gruppo misto (Melton et al., 2009).

Una serie di meta-analisi sull'apprendimento online e misto rispetto all'istruzione in aula ha riunito molti studi condotti in vari contesti per stimare l'efficacia comparativa dell'apprendimento di questi due modelli. La Tabella 1 riassume questi studi. In un follow-up di una meta-analisi del 2004 sull'educazione a distanza rispetto all'istruzione in classe (Bernard et al., 2004), Bernard (2010) ha rilevato che il sottoinsieme di studi condotti con corsi online ha prodotto un effetto medio di 0,12 rispetto all'istruzione in classe. Altre meta-analisi, come quelle di Sitzman et al. (2006) e Cook et al. (2008), hanno esaminato popolazioni specializzate (ad esempio, l'istruzione basata sul Web in contesti aziendali e l'e-learning per gli operatori sanitari) e hanno riscontrato essenzialmente la stessa dimensione complessiva dell'effetto.

Il Dipartimento dell'Istruzione degli Stati Uniti ha commissionato uno studio sui contesti online e misti. Per l'apprendimento online hanno riscontrato un effect size complessivo di 0,14, in linea con gli altri studi, e un effect size più elevato $(d = 0,35)$ per i contesti didattici misti. In uno studio sui contesti educativi post-secondari, Schmid et al. (2009) hanno trovato una dimensione media dell'effetto paragonabile a quella dello studio del Dipartimento dell'Istruzione per 114 dimensioni dell'effetto $(d = 0,34)$.

Questa serie di studi dimostra un notevole grado di coerenza, per cui si può trarre la conclusione generale che l'online apporta benefici agli studenti, rispetto all'istruzione in aula, ma solo in misura modesta. Tuttavia, l'istruzione mista può combinare il meglio dell'ambiente online e di quello in aula per produrre un effetto medio che si avvicina a quello generalmente considerato moderato e quindi può valere la pena di investire risorse, tempo e denaro, per ottenere una forma di istruzione più efficace rispetto all'istruzione in aula o online da sola.

Tabella 1

Meta-analisi che confrontano l'apprendimento online e l'apprendimento misto con l'apprendimento in classe istruzione.

Meta-Analyses	Inclusive Dates	Comparison	k	ES+	Sig. (p)
Bernard et al. (2010)	1990-2003	OL vs. CI	59	0.12	= .05
Sitzmann et al. (2006)	1996-2005	WBI vs. CI	71	0.15	≤ .05
Cook et al. (2008)	1990-2007	OL vs. CI	63	0.12	= .045
U.S. DOE (2009)	1996-2006	OL vs. CI	28	0.14	≤ .05
U.S. DOE (2009)	1996-2006	BL vs. CI	14	0.35	< .001
Schmid et al. (2009)	1990-2010	BL vs. CI	114	0.34	< .001

OL = Online; CI = Istruzione in classe; WBI = Istruzione basata sul Web; BL = Apprendimento misto.

I corsi misti possono essere utili anche per gli studenti adulti più anziani. Kim (2008) afferma che "molti studi hanno raccomandato una varietà di metodi didattici appositamente studiati per gli utenti più anziani" (p. 723) e che "gli adulti più anziani hanno bisogno di tempo aggiuntivo o di esercitarsi autonomamente per padroneggiare i contenuti di apprendimento" (Baldi, 1997, Filipczak, 1998, Van Fleet & Antell, 2002; Jones & Bayen, 1998; Mayhorn et al., 2004). Con l'istruzione mista, gli adulti più anziani sono più responsabili del loro apprendimento, in quanto possono seguire i corsi nel loro tempo libero e al loro ritmo. Inoltre, l'apprendimento misto offre un mix di metodi didattici, come una sezione online e una sezione in aula. Pertanto, nella sezione online gli adulti più anziani possono imparare in modo più indipendente e al proprio ritmo, mentre nella sezione in aula possono avere accesso diretto all'istruttore e socializzare con gli altri studenti della classe.

La socializzazione è importante perché gli anziani non imparano facilmente le abilità informatiche individualmente; interagiscono con altri studenti, istruttori, strumenti di apprendimento (computer) e ambienti scolastici (Hansman, 2001; Wilson, 1993). Secondo Lave & Wenger (1991; 1998) "le teorie della cognizione situata affermano che l'apprendimento è radicato nelle situazioni in cui si verifica e che l'apprendimento è una pratica sociale" (p. 729) e "la conoscenza è fondamentalmente situata nelle situazioni; pertanto, la questione del trasferimento dell'apprendimento è un problema importante" (p. 729). Ciò significa che il luogo in cui gli anziani apprendono le loro abilità informatiche influisce sul loro trasferimento dell'apprendimento, ad esempio, se sono impegnati solo in corsi in classe, presso un centro comunitario o una biblioteca locale, potrebbero avere difficoltà a trasferire le conoscenze acquisite quando usano il computer a casa. Di conseguenza, l'uso di un'istruzione mista per insegnare le abilità informatiche potrebbe essere molto vantaggioso per gli adulti più anziani, in quanto una parte dei corsi verrebbe svolta online, sul computer di casa, e una parte in classe, consentendo così un maggiore trasferimento dell'apprendimento.

Sembra che gli adulti più anziani stiano abbracciando sempre più l'apprendimento online. Poiché questo concetto è relativamente nuovo, la ricerca su questo argomento è limitata. Pertanto, lo scopo di questo studio con metodi misti è stato quello di indagare l'impatto dei metodi didattici sui punteggi dei quiz degli studenti e sui punteggi di soddisfazione degli studenti. Inoltre, è stata esaminata la motivazione degli studenti a seguire altri corsi misti. Per misurare questo aspetto, ho raccolto dati quantitativi e qualitativi da diciassette adulti anziani (di età superiore ai 60 anni) utilizzando quiz e questionari. Solo per il gruppo misto è stata condotta un'intervista di focus group. Questo studio è importante perché la formazione degli adulti più anziani sulle competenze informatiche di base può determinare atteggiamenti più positivi, una maggiore motivazione all'apprendimento e una diminuzione dei livelli di ansia (Baack et al., Dyck & Smither, 1996; Morris, 1994).

Ipotesi

Le ipotesi per questo studio erano le seguenti:

H_0: Non ci saranno differenze nei punteggi dei quiz tra il gruppo in aula e il gruppo misto con formazione al computer. H_1: Gli anziani otterranno punteggi più alti nei quiz del gruppo misto rispetto al gruppo tradizionale con formazione al computer. H_2: Gli anziani saranno più soddisfatti dei corsi misti rispetto ai corsi tradizionali in aula.

3. TEST PILOTA

Progettazione e sviluppo del materiale didattico

Un test pilota è stato condotto dal 13 settembre 2012 al 29 novembre 2012. Quattro anziani hanno partecipato a dodici corsi di informatica in classe, per un'ora e mezza alla settimana, presso il CCS di Pierrefonds, in Quebec. I corsi comprendevano funzioni avanzate di posta elettronica, Skype, Facebook, Microsoft Word ed Excel, Twitter, sicurezza web e Google. Lo scopo del test pilota era quello di ottenere informazioni e feedback dai partecipanti sui corsi di informatica, sull'istruttore e di determinare se l'uso del computer da parte dei partecipanti fosse aumentato nel corso delle dodici settimane. Per valutare questo aspetto, i partecipanti hanno compilato un questionario prima e dopo il corso. I questionari compilati sono stati raccolti dal ricercatore alla fine del primo e dell'ultimo corso. Il risultato dello studio pilota è stato di aiuto nella progettazione di corsi di informatica più efficaci per la prossima sessione di dodici settimane.

I risultati dello studio pilota indicano che i partecipanti sono stati molto soddisfatti dei corsi di informatica, dato che hanno risposto "fortemente d'accordo" alla maggior parte delle domande sulla soddisfazione del corso. Inoltre, la Figura 1 mostra che due partecipanti hanno risposto "fortemente d'accordo" e due "d'accordo" alla domanda 22, che chiedeva se il loro interesse per questa materia fosse aumentato in seguito alla partecipazione ai corsi. Pertanto, i partecipanti hanno indicato di essere molto soddisfatti dei corsi e che la partecipazione ai corsi ha aumentato il loro interesse per l'uso del computer nella vita quotidiana.

Le autovalutazioni dei partecipanti sull'uso delle applicazioni tra il periodo precedente e quello successivo al corso indicano un aumento dell'uso di Skype, Twitter e Word. Nel complesso, le autovalutazioni e i commenti sui corsi dimostrano che i corsi sono stati efficaci. Pertanto, per la prossima sessione di corsi, tutti i corsi saranno impartiti nello stesso modo. L'unico corso che è stato omesso dall'elenco dei corsi è stato Microsoft Excel, in quanto i partecipanti hanno dichiarato che non era utile per loro.

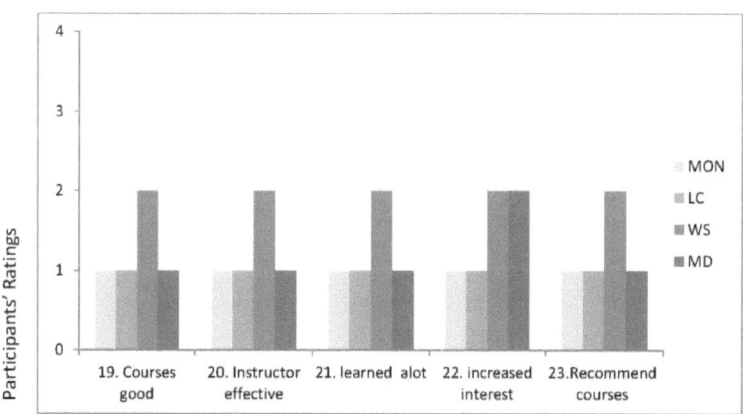

Figura 1: Valutazione della soddisfazione dei partecipanti ai corsi.
Le valutazioni sono indicate come: 1: fortemente d'accordo, 2: d'accordo, 3: in disaccordo e 4: fortemente in disaccordo. Le iniziali dei partecipanti sono indicate come: MON, LC, WS E MD.

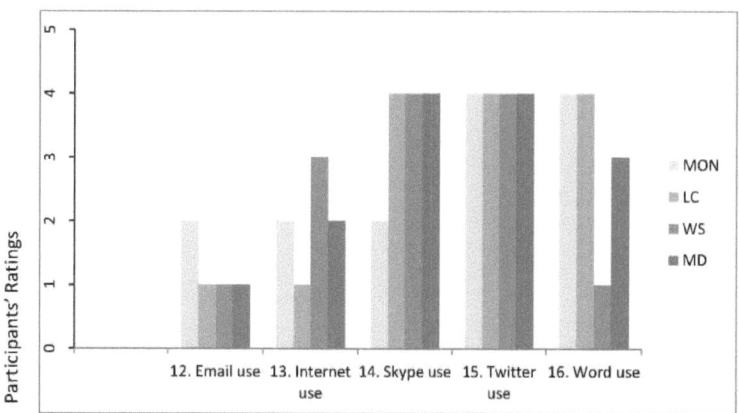

Figura 2: Autovalutazione dei partecipanti sull'uso delle applicazioni prima dei corsi. Le valutazioni sono indicate come: 1: Molto spesso, 2: Spesso, 3: Qualche volta, 4: Mai. Le iniziali dei partecipanti sono indicate come: MON, LC, WS E MD.

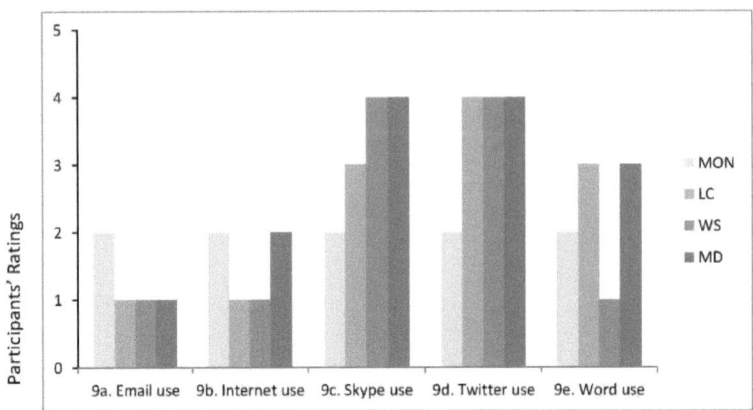

Figura 3: Autovalutazione dei partecipanti sull'uso delle applicazioni dopo i corsi.

Le valutazioni sono indicate come: 1: Molto spesso, 2: Spesso, 3: Qualche volta, 4: Mai. Le iniziali dei partecipanti sono indicate come: MON, LC, WS E MD.

4. IL PRESENTE STUDIO

Il presente studio ha analizzato le differenze tra l'apprendimento misto e quello in aula sulla base dei risultati dei punteggi dei quiz e delle valutazioni di soddisfazione degli anziani. Pertanto, la stessa serie di corsi di informatica testata nella sessione precedente è stata insegnata a due gruppi di adulti anziani, con l'esclusione di Microsoft Excel, in un ambiente misto o in classe.

I corsi di informatica comprendevano corsi di social network, posta elettronica avanzata, Google, Skype o Adobe Connect (a seconda della sezione), sicurezza sul web, Microsoft Word e giochi di brain training al computer (vedi tabella 2). Il formato dei corsi misti prevedeva cinque corsi in classe, Facebook, Twitter, Google, Adobe Connect e giochi di Brain Training, e tre corsi online: Sicurezza web, Posta elettronica avanzata e Microsoft Word. La sezione solo in classe era nello stesso identico ordine, tranne per il fatto che i partecipanti hanno imparato a usare Skype invece di Adobe Connect. Gli studenti hanno tratto beneficio dai corsi, imparando a conoscere i social network, la posta elettronica e a navigare in sicurezza sul Web. La classe mista ha anche imparato a utilizzare la tecnologia necessaria per seguire i corsi online e ha acquisito una certa esperienza nello svolgimento di corsi online.

Tabella 2

Corsi e descrizioni dei corsi

Facebook	Google	Skype	Twitter	Advanced e-mail functions	Web Safety	Microsoft Word
Set-up profile & picture	Search	Create an account	Set-up an account & picture	Sending attachments in e-mail	Social Networking & computer safety	Open a new document
Set-up privacy settings	Maps	Add/Import contacts	Following people	Download /Save attachments	Phishing defined	Open an existing document
Find friends	G-mail	Manage contacts	Send/ Receive tweets	Set-up folders	Keep my computer safe	Save/Save As/Print documents
Compose & post messages	Image	Use Call function		Retrieve e-mail from folders	Reviewing Privacy settings	Insert Header/ Page number
Upload photos	You Tube	Use Video function		E-mail search		Insert Table
		Instant Messaging		Add signature to e-mail		Mail/Labels

5. METODO

Lo scopo di questo studio con metodi misti è stato quello di esaminare i punteggi di efficacia e le valutazioni di soddisfazione dell'istruzione in aula rispetto a quella mista con una serie di otto corsi al computer di 11 ore e mezza per una popolazione di adulti anziani.

Design della ricerca

Il disegno di questo studio era quasi sperimentale, in quanto il ricercatore aveva accesso ai partecipanti attraverso i Collective Community Services (CCS); pertanto, tutti i partecipanti erano membri attivi del CCS. Il ricercatore non ha potuto assegnare casualmente i partecipanti ai due gruppi (classe e misto), poiché l'assegnazione dipendeva da criteri specifici. Inoltre, poiché i partecipanti hanno scelto di seguire i corsi di propria iniziativa, sono stati loro stessi a decidere in quale gruppo partecipare.

Pertanto, ai partecipanti è stato chiesto di partecipare alla sezione in aula o a quella mista, a seconda che soddisfacessero determinati criteri. Per partecipare alla sezione mista, i partecipanti dovevano disporre di un computer portatile con fotocamera e microfono e di Internet ad alta velocità. Dovevano inoltre frequentare cinque corsi in aula. Ai partecipanti che non soddisfacevano i requisiti informatici è stato chiesto di frequentare solo i corsi in aula, poiché il CCS dispone di cinque computer desktop interni a disposizione dei suoi membri. Se tutti i partecipanti avessero soddisfatto i criteri informatici, sarebbero stati assegnati in modo casuale ai due gruppi.

Per questo studio è stato scelto un metodo misto. Questo disegno ha permesso la raccolta di dati quantitativi e qualitativi, che hanno permesso di comprendere meglio il problema della ricerca rispetto a un solo tipo di dati (Creswell, 2012). Inoltre, è stato scelto un disegno di metodo misto in quanto il numero di partecipanti allo studio era ridotto e la raccolta di dati sia quantitativi (punteggi dei quiz e domande a risposta chiusa) sia qualitativi (intervista al focus group e domande a risposta aperta) ha consentito una comprensione più approfondita delle valutazioni dei partecipanti sui questionari. I commenti dei partecipanti durante l'intervista del focus group e le domande aperte hanno fornito una serie di dettagli sulle loro esperienze nei corsi di informatica. Ad esempio, poiché esistono poche ricerche sull'apprendimento delle abilità informatiche da parte di adulti più anziani in un ambiente di apprendimento misto, i commenti e i feedback dei partecipanti a questo gruppo sono stati molto importanti.

Per la raccolta dei dati, i partecipanti hanno completato misure quantitative standardizzate, come i quiz online, e hanno compilato questionari pre e post-corso contenenti domande a risposta chiusa e aperta. I quiz settimanali online sono stati eseguiti da tutti i partecipanti in Survey Monkey, per consentire la raccolta di dati quantitativi sulle prestazioni.

In seguito alle domande aperte dei questionari, è stata condotta un'intervista di gruppo. L'intervista ha fornito dati qualitativi ricchi e dettagliati. Il mio ruolo di intervistatore è stato quello di guidare la discussione, ma in definitiva l'obiettivo era quello di incoraggiare i partecipanti a discutere le loro esperienze nell'ambiente di apprendimento misto. Per esaminare queste misure qualitative e quantitative abbiamo utilizzato il metodo della triangolazione, ovvero la raccolta contemporanea di dati qualitativi e quantitativi. Nella triangolazione, ai dati qualitativi e quantitativi viene solitamente assegnato lo stesso valore. Queste diverse forme di dati qualitativi e quantitativi sono state confrontate e contratte per determinare se avessero generato risultati o temi comparabili (Creswell, 2012).

Impostazione e reclutamento

Tutti i partecipanti sono stati reclutati dal Collective Community Services (CCS), un'organizzazione no-profit che fornisce servizi di supporto a famiglie e individui. Il CCS fornisce programmi e servizi affidabili e di grande successo alle persone emarginate ed economicamente svantaggiate, soprattutto all'interno della comunità anglofona di Montreal. Poiché la ricercatrice (Madeleine Ward, che era sia ricercatrice che istruttrice) aveva precedentemente svolto attività di volontariato presso il gruppo CCS LaSalle, QC, conosceva la coordinatrice del programma e l'ha contattata per lo studio in corso.

È stata inviata una proposta al coordinatore del programma presso il CCS. La proposta illustrava lo studio, il formato dei corsi di informatica (in aula, misto) e il numero di partecipanti anziani richiesto per lo studio. Il coordinatore ha inviato la proposta a tutti i gruppi CCS dell'area di Montreal, QC. Poiché la responsabile del CCS di Lachine, QC, era molto interessata ad avere corsi di computer per i suoi membri, ha contattato il ricercatore per avere maggiori informazioni. Pertanto, gli anziani che hanno partecipato a questo studio erano tutti membri del gruppo CCS di Lachine, QC.

Nella fase iniziale di reclutamento, ai partecipanti è stata posta una serie di domande per determinare il loro livello di conoscenza del computer. In base ai criteri di inclusione, i partecipanti al gruppo misto dovevano possedere un computer portatile con microfono e telecamera e internet ad alta velocità a casa. I partecipanti al gruppo in aula avevano accesso ai computer desktop forniti dal CCS.

Tutti i corsi di informatica in aula si sono svolti presso il centro di Lachine, QC. La sala computer del centro conteneva cinque computer desktop, un proiettore e un grande schermo bianco. I partecipanti che non possedevano un computer portatile hanno avuto accesso ai computer fissi, mentre i partecipanti con computer portatili si sono seduti a un grande tavolo di fronte all'istruttore. Le diapositive di PowerPoint sono state proiettate su un grande schermo e l'istruttore si è assicurato che tutti i partecipanti potessero vedere chiaramente lo schermo.

Partecipanti

La tabella 3 fornisce informazioni demografiche dettagliate su tutti i partecipanti. Complessivamente, è stato studiato un campione di convenienza di diciassette adulti anziani di Lachine, QC. I campioni di convenienza sono quelli in cui i partecipanti vengono selezionati perché sono disposti e disponibili a essere studiati (Creswell, 2012). Per questo studio, i partecipanti erano disponibili in quanto membri del CCS e disposti a seguire i corsi di informatica. Tutti i partecipanti che hanno preso parte a questo studio erano pensionati e di età pari o superiore ai 60 anni. In particolare, la maggior parte dei partecipanti era di sesso femminile e aveva un'età compresa tra i 71 e i 75 anni. Inoltre, il livello di istruzione della maggior parte dei partecipanti era di scuola superiore e il loro tempo settimanale di utilizzo del computer era di circa 6,5 ore a settimana. I partecipanti hanno dichiarato di utilizzare il computer soprattutto per comunicare, cercare informazioni e fare acquisti. Tutti i partecipanti possedevano buone capacità di lettura e competenze informatiche intermedie.

Tabella 3
Informazioni demografiche dei partecipanti

Initials	Age Group	Gender	Education Level	Weekly Computer Usage (Hrs.)
DS,SD,ILP	61-65	3 F	HS,C	.50-14
SL, MC, AMB	66-70	3 F	U,C	1-12
VV, ML, FP, MB,HS,OP,BS	71-75	6 F,1 M	HS, C,U	2-21
SG, AS	76-80	1F, 1M	HS,U	1- 8
HD, MM	81-85	2F	HS,C	3-7

Nota. F= Donna, M= Uomo. L'uso settimanale del computer è indicato in ore. Livello di istruzione: HS=High School C=Cegep, U= University.

Strumenti

Una versione modificata del PedTech Student Survey, scaricata dal Center for the Study of Learning and Performance (Concordia University), è stata somministrata prima e dopo i corsi sia ai partecipanti al corso misto sia a quelli in aula. Questa misura è stata scelta perché conteneva molte domande relative all'apprendimento con la tecnologia, all'efficacia percepita dell'uso del computer, ai corsi e all'istruttore. Le domande del sondaggio che non erano pertinenti al pubblico dello studio sono state eliminate, lasciando intatto circa l'80% del questionario. Il sondaggio PedTech per gli studenti ha affidabilità e validità in quanto è stato sviluppato dai ricercatori della Concordia University ed è stato ampiamente utilizzato nelle loro ricerche.

Il questionario pre-corso conteneva domande quali i dati demografici dei partecipanti e le loro conoscenze e competenze informatiche (Appendice A). Il questionario post-corso è stato redatto in due versioni: una per la sezione in aula (Appendice B) e una per la sezione mista (Appendice C). Il questionario post-corso per la sezione in aula conteneva domande relative alle reazioni degli studenti ai corsi e all'istruttore. Il questionario post-corso per la sezione mista era simile al questionario per la sezione in aula, ma conteneva una sezione aggiuntiva con domande sulle reazioni degli studenti ai corsi di apprendimento misto.

Per la sezione aggiuntiva del questionario sull'apprendimento misto è stata utilizzata una modifica della Blended Learning Survey for Students (Owston, 2012). Questa misura è stata scelta in quanto contiene molte domande che confrontano il formato del corso misto con altri corsi faccia a faccia che i partecipanti possono aver frequentato in precedenza, e domande sull'eventualità che i partecipanti seguano altri corsi in formato misto. Le domande del sondaggio che non rispondevano alle esigenze dello studio sono state eliminate, e circa il 70% del questionario è rimasto intatto. L'indagine sull'apprendimento misto per gli studenti è una modifica di diversi strumenti esistenti, quali: *il Classroom Survey of Student Engagement* (CLASSE), che è un adattamento del National Survey of Student Engagement; le indagini contenute nelle appendici del libro *Blended Learning In Higher Education* di Garrison e Vaughan; il *Blended Learning Toolkit* sviluppato presso la University of Central Florida; e le indagini sugli studenti dello studio COHERE di Cook, Owston e Garrison (Cook, et al. 2004). L'indagine sull'apprendimento misto per gli studenti (Appendice D) è stata utilizzata ampiamente e con successo dall'Università di York per i suoi corsi di apprendimento misto per laureati (Owston, 2012).

I quiz sul materiale del corso precedente sono stati eseguiti settimanalmente dai partecipanti tramite Survey Monkey. I quiz contenevano cinque domande a scelta multipla (Appendice E) che valutavano se i partecipanti erano in grado di raggiungere gli obiettivi del corso e di trasferire a casa quanto appreso nei corsi. Le domande dei quiz sono state sviluppate dall'istruttore o erano una versione modificata dell'esame di Microsoft Word 2007. Pertanto, è stato sviluppato un quiz per ciascuno dei sette segmenti del corso: Word, Skype, Facebook, Google, Sicurezza Web, Posta elettronica avanzata e Twitter. Per garantire la validità e l'affidabilità dei quiz, sono stati valutati da due esperti in materia che insegnano statistica alla Concordia University di Montreal e da un adulto anziano della stessa fascia demografica degli anziani dello studio.

Per valutare se i partecipanti sono stati in grado di raggiungere gli obiettivi del corso e di trasferire a casa quanto appreso, è stato utilizzato il modello a quattro livelli di Kirkpatrick (1998). Il modello di Kirkpatrick è stato concepito come una sequenza di modi per valutare i corsi di formazione. I quattro livelli di valutazione sono: Reazione, Apprendimento, Comportamento e Risultati. Un'analisi di livello 1 valuta la Reazione, ovvero ciò che gli studenti hanno provato e pensato riguardo alla formazione, un'analisi di livello 2 valuta l'Apprendimento, ovvero l'aumento delle conoscenze o delle abilità come risultato della formazione, un'analisi di livello 3 valuta il Comportamento, ovvero il trasferimento di conoscenze, abilità o atteggiamenti dall'aula al lavoro o alla casa, e un'analisi di livello 4 valuta i Risultati, ovvero i risultati finali che si sono verificati grazie alla partecipazione degli studenti a un programma di formazione.

Per questo studio sono stati esaminati tre dei quattro livelli di valutazione. I questionari post-corso contenevano domande relative alle reazioni degli studenti ai corsi e all'istruttore (livello 1), i quiz settimanali verificavano l'apprendimento degli obiettivi del corso (livello 2) e determinavano se i partecipanti erano in grado di trasferire le loro conoscenze nell'uso del computer a casa (livello 3).

Procedura

Due sessioni di otto lezioni di informatica sono state impartite a una popolazione di adulti anziani. La prima sessione si è svolta dal 14 gennaio 2013 al 4 marzo 2013 e la seconda sessione dal 22 aprile 2013 al 15 maggio 2013. L'istruttore, il programma e la sede dei corsi di informatica erano identici, ad eccezione della durata del corso. La durata della prima sessione è stata di otto settimane e quella della seconda di quattro. Ogni sessione comprendeva due gruppi di partecipanti (gruppo misto, gruppo in aula), con partecipanti diversi in ciascun gruppo per ogni sessione.

A tutti i partecipanti è stato chiesto di firmare il modulo di consenso all'inizio della prima lezione di informatica. C'era un modulo di consenso per il gruppo in aula e uno per il gruppo misto, poiché il gruppo misto ha partecipato anche a un focus group alla fine degli otto corsi. I partecipanti che non erano disposti a firmare il modulo di consenso non hanno preso parte allo studio, ma hanno comunque partecipato ai corsi di informatica.

Il primo giorno dei corsi sono stati somministrati questionari pre-corso a tutti i partecipanti per determinare il motivo per cui erano interessati a seguire i corsi di informatica, le loro aspettative nei confronti dei corsi e dell'istruttore e la frequenza con cui utilizzavano il computer a casa. L'ultimo giorno dei corsi sono stati somministrati questionari post-corso a tutti i partecipanti per determinare se erano soddisfatti dei corsi di informatica, del metodo di insegnamento, dell'usabilità del sito web del corso e dell'istruttore.

Inoltre, solo per il gruppo misto, cinque adulti anziani hanno partecipato a un focus group. Lo scopo del focus group era quello di determinare 1) se i partecipanti avessero apprezzato il formato del corso misto, 2) quali fossero i vantaggi o gli svantaggi della partecipazione a un corso misto rispetto a un corso tradizionale in aula e 3) se avrebbero preso in considerazione la possibilità di seguire altri corsi in formato misto.

Tutti gli otto corsi in aula si sono svolti presso il Collective Community Center di Lachine, in Quebec. Per quanto riguarda i corsi misti, cinque si sono svolti in aula nella stessa sede di Lachine e tre sono stati svolti online. Gli studenti hanno partecipato ai corsi online dalle loro rispettive case. Il budget per questo progetto è stato minimo, in quanto il CCS di Lachine ha offerto i corsi di informatica ai partecipanti per un costo totale di $ 5,00, per coprire il costo di internet. I partecipanti hanno utilizzato i propri computer portatili o quelli forniti dal centro. L'istruttore si è offerto volontario per tenere i corsi e non è stato pagato. Il ricercatore ha pagato circa 10 dollari per la copia del modulo di consenso e dei questionari.

Tutti i corsi al computer avevano una durata di un'ora e mezza e sono stati sviluppati dall'istruttore in PowerPoint 2007. Per i corsi in aula, le diapositive sono state visualizzate su un grande schermo da un proiettore. Per i corsi online, le diapositive di PowerPoint sono state caricate in Adobe Connect (software di webconference) e condivise con i partecipanti nell'ambiente di Adobe Connect.

All'inizio di ogni corso, i partecipanti hanno svolto un breve quiz online di cinque domande sul materiale trattato nella lezione precedente. Dopo il completamento del quiz, è iniziato il corso programmato.

Per ogni corso, l'istruttore ha iniziato il corso delineando gli obiettivi del corso. Dopo aver identificato gli obiettivi, l'istruttore ha presentato le diapositive di PowerPoint sviluppate per il corso. I partecipanti hanno seguito il corso al computer con l'istruttore, in uno stile di apprendimento graduale, "mentre si applica" (Charness, Czaja & Sharit, 2007). Di tanto in tanto l'istruttore passava dalle diapositive al software effettivo che i partecipanti stavano imparando per quel corso. Per esempio, se l'argomento del corso era Skype, l'istruttore accedeva a un account Skype creato per il corso e dimostrava come eseguire determinate funzioni in Skype. I partecipanti sono stati incoraggiati a creare un proprio account Skype e ad aggiungersi l'un l'altro e l'istruttore come contatti. Questo si è rivelato una sfida per molti dei partecipanti, che non erano abituati a impostare un nome utente e una password.

Man mano che il corso procedeva, i partecipanti hanno potuto esercitarsi sulle principali caratteristiche del software, come le funzioni di chiamata e videochiamata. Durante il corso, l'istruttore si è assicurato che i partecipanti eseguissero le operazioni richieste, chiedendo loro se avessero capito cosa dovevano fare e verificando di tanto in tanto le schermate dei loro computer. I partecipanti che apparivano confusi o smarriti venivano assistiti immediatamente, poiché tutti i membri del gruppo dovevano seguire lo stesso ritmo. Alla fine di ogni corso, l'istruttore ha ricordato a tutti i partecipanti di fare riferimento al sito web del corso se volevano mettere in pratica a casa quanto appreso.

I corsi online si sono svolti nello stesso modo dei corsi in aula, tranne che per il fatto che gli studenti si trovavano nell'ambiente Adobe Connect anziché in aula. Dopo aver effettuato l'accesso ad Adobe Connect, l'istruttore e i partecipanti hanno potuto vedersi e sentirsi reciprocamente, poiché ha abilitato i diritti di webcam e microfono per tutti i partecipanti. Tuttavia, a causa del forte rumore di feedback e dei partecipanti che parlavano contemporaneamente, l'istruttore ha deciso che comunicare attraverso la funzione di chat o consentire i diritti di microfono a un partecipante alla volta sarebbe stato più efficace. Pertanto, solo il microfono dell'istruttore era attivo e i partecipanti ascoltavano l'istruttore mentre le diapositive di PowerPoint venivano visualizzate sullo schermo.

L'istruttore ha coinvolto i partecipanti nel corso ponendo domande, assicurandosi che stessero seguendo e comprendendo il materiale del corso e rispondendo alle domande e ai commenti dei partecipanti nella chat. Come nei corsi in aula, l'istruttore passava occasionalmente dalle diapositive al software effettivo che i partecipanti stavano imparando per quel corso. Tuttavia, nell'ambiente online, quando l'istruttore cambiava la visualizzazione in Adobe Connect dalle diapositive di PowerPoint al software che la classe stava imparando, i partecipanti non potevano più vedere l'istruttore, ma potevano solo sentire la voce dell'istruttore e vedere il software visualizzato sullo schermo. Ad esempio, nel corso Microsoft Word, quando l'istruttore ha cambiato la visualizzazione in Adobe Connect dalle diapositive di PowerPoint a Word, i partecipanti potevano solo sentire l'istruttore e vedere il documento Word sullo schermo.

Inoltre, nell'ambiente online, l'istruttore non era in grado di vedere gli schermi dei partecipanti per assicurarsi che stessero seguendo il corso al computer. L'istruttore ha dovuto controllare continuamente che i partecipanti vedessero e capissero ciò che veniva insegnato nel corso. Il corso si è concluso nello stesso modo del corso in aula, con l'istruttore che ha ricordato ai partecipanti di fare riferimento al sito web del corso se volevano mettere in pratica quanto appreso nel corso.

Infine, l'ultimo giorno di corso, entrambi i gruppi hanno partecipato a un corso in aula. Il corso per entrambe le sezioni era "Giochi di allenamento del cervello". I giochi sono stati scaricati da due siti web diversi, www.lumosity.com (Figura 11) e www.positscience.com (Figura 12). L'istruttore e i partecipanti hanno acceduto ai siti web sui loro computer, si sono registrati e hanno giocato. L'istruttore era anche disponibile a rispondere alle domande e a rivedere il materiale del corso insegnato nelle settimane precedenti. Infine, negli ultimi 15 minuti del corso, i partecipanti hanno compilato il questionario post-corso.

Programma del corso per la classe e i gruppi misti

La Tabella 4 mostra il programma del corso che l'istruttore ha distribuito ai partecipanti all'inizio dei corsi. Lo scopo del programma dei corsi era quello di informare i partecipanti dei corsi successivi e di indicare al gruppo misto quali corsi sarebbero stati svolti in aula e quali online. La settimana prima del corso online previsto, l'istruttore ricordava ai partecipanti del gruppo misto che il corso successivo si sarebbe svolto online.

L'istruttore ha impostato il programma del corso in modo che un corso online fosse svolto ogni due settimane, anziché ogni settimana. Questo per garantire ai partecipanti la possibilità di sperimentare il formato online, ma non l'isolamento sociale che potrebbe verificarsi con i corsi online. Pertanto, l'obiettivo dell'istruttore era quello di far sperimentare ai partecipanti il miglior mix tra i due tipi di insegnamento.

Tabella 4
Programma settimanale del corso

Week	Date	Course	Blended Group Location
1	January 14, 2013	Google	Classroom
2	January 21, 2013	Skype/Adobe Connect	Classroom
3	January 28, 2013	Web Safety	Online
4	February 4, 2013	Advanced e-mail	Classroom
5	February 11, 2013	Microsoft Word	Online
6	February 18, 2013	Twitter	Classroom
7	February 25, 2013	Facebook	Online
8	March 4, 2013	Brain Training	Classroom

6. RISULTATI QUANTITATIVI

Lo scopo di questo studio con metodi misti è stato quello di indagare l'impatto del metodo di insegnamento sui punteggi dei quiz degli studenti, sui punteggi di soddisfazione degli studenti e sull'impatto dell'istruzione mista sulla valutazione della motivazione degli studenti.

In questo studio, due sessioni di corsi di informatica sono state condotte nello stesso formato, con lo stesso materiale didattico, le stesse procedure e nella stessa sede. L'unica differenza tra le sessioni era la durata dei corsi, otto settimane nella prima sessione e quattro settimane nella seconda. Poiché la dimensione del campione nei gruppi per entrambe le sessioni era molto ridotta, la combinazione dei dati delle due sessioni è stata un modo per ottenere un campione complessivo più ampio. Per garantire che non vi fossero differenze statisticamente significative tra le due sessioni, è stata eseguita un'*ANOVA* a misura ripetuta a una via con i dati delle autovalutazioni degli studenti ottenuti dalla prima e dalla seconda sessione. L'analisi ha confermato che le due sessioni non erano statisticamente differenti, $F(1, 10) = 1,63$, $p=,23$. Pertanto, per i risultati di questo studio sono stati combinati i dati ottenuti dalle due sessioni di corsi di informatica.

Analisi quantitativa dei dati

Lo scopo dell'analisi quantitativa era in gran parte quello di determinare se il tipo di istruzione avesse un effetto sui punteggi dei quiz e sulle valutazioni di soddisfazione dei partecipanti. I risultati quantitativi saranno confrontati con l'analisi qualitativa nel tentativo di triangolare i dati raccolti. Le statistiche descrittive (medie e deviazioni standard) e le frequenze sono state analizzate con il *pacchetto statistico IBM per le scienze sociali* (SPSS; versione 21). Per le seguenti analisi dei dati, la dimensione del campione era ridotta per ciascun gruppo: otto nel gruppo classe e nove nel gruppo misto. È risaputo che un campione di dimensioni ridotte ha una minore capacità di rilevare differenze o relazioni.

Per rispondere alla domanda di ricerca relativa alle differenze tra l'insegnamento misto e quello in aula sulla base dei risultati dei quiz, è stato eseguito un test chi-quadro a campioni indipendenti. Per verificare se il tipo di istruzione (in aula, mista) e il tempo (prima e dopo il corso) avessero un impatto sull'apprendimento dei materiali del corso da parte dei partecipanti, sono state analizzate le autovalutazioni dei partecipanti ai gruppi misto e in aula utilizzando un'*ANOVA* a misure ripetute 2 x 2. *Inoltre, per determinare se gli studenti fossero più soddisfatti dei risultati dei quiz, è stato eseguito un test Chi-quadro a campioni indipendenti. Inoltre, per* determinare se gli studenti fossero più soddisfatti dei corsi nel gruppo misto o in quello in aula, è stata eseguita un'analisi *f-test* a campioni indipendenti. I risultati delle analisi sono illustrati di seguito.

Campioni indipendenti Chi-quadrato

Per determinare l'impatto del tipo di insegnamento sui punteggi dei quiz degli studenti, i partecipanti hanno svolto dei quiz settimanali tramite Survey Monkey, sul materiale trattato nella sessione precedente del corso. I quiz comprendevano cinque domande a scelta multipla, con tre possibili risposte, A, B o C. La tabella nell'Appendice I elenca le cinque domande con la risposta dei partecipanti, A, B o C. Un asterisco è posto accanto alla risposta corretta per ogni domanda. I dati grezzi sono stati sommati tra le sessioni per calcolare il Chi-quadro.

I quiz sono stati valutati con Survey Monkey, poiché il software calcola un conteggio delle risposte. Pertanto, per ogni domanda del quiz, Survey Monkey ha fornito un conteggio del numero di partecipanti che hanno risposto A, B o C. Il ricercatore ha confrontato i risultati di ogni domanda con la risposta corretta e ha creato tabelle in Excel per analizzare i dati. Per il corso sulle funzioni avanzate della posta elettronica, nel gruppo di apprendimento misto, un partecipante ha erroneamente compilato il questionario due volte. Poiché Survey Monkey calcola i conteggi di frequenza per ogni domanda, il ricercatore ha notato che c'era una risposta in più per ogni domanda. Poiché tutte le domande sono state risposte correttamente nel quiz, non è stato difficile rimuovere una risposta per ogni domanda.

Per ogni corso (Facebook, Google, Skype, Web Safety, Word, Advanced E-mail e Twitter) è stato contato il numero di risposte giuste e sbagliate ottenute dai partecipanti (frequenze) e inserite in tabelle individuali in Microsoft Excel. Dai dati contenuti nelle singole tabelle è stata preparata una tabella con il numero totale di risposte giuste e sbagliate (frequenze), che è stata utilizzata per il calcolo del Chi-quadro. In questo studio, le frequenze totali sono state utilizzate per calcolare il Chi-quadro a causa delle ridotte dimensioni del campione, dell'assenza di risposte individuali ai quiz e del fatto che sono stati analizzati dati nominali (aula/blended, giusto/sbagliato).

La tabella 5 contiene le frequenze osservate, ovvero il numero totale di frequenze inserite in Excel. Le frequenze osservate sono state confrontate con le frequenze attese, ovvero le frequenze che ci si aspetterebbe di ottenere in ogni cella per puro caso (Urdan, 2010).

Pertanto, questo test ci ha permesso di determinare se le frequenze osservate fossero significativamente diverse da quelle attese.

I risultati dell'analisi del Chi-quadro non hanno indicato alcuna differenza significativa tra il tipo di istruzione e le risposte giuste e sbagliate, x^2 (1, $N = 524) = 2,01, p=,16$. Pertanto, i risultati non indicano una differenza significativa tra l'apprendimento misto e l'apprendimento in classe sulla base dei risultati dei quiz. Tuttavia, i risultati hanno mostrato che il gruppo di apprendimento misto aveva una proporzione leggermente maggiore di risposte giuste rispetto a quelle sbagliate rispetto al gruppo di apprendimento in classe.

Esiste un secondo modo per analizzare una distribuzione di frequenza 2 x 2 (cioè una tabulazione incrociata) in cui un fattore è una distinzione tra un gruppo di trattamento e uno di controllo e l'altro fattore è una variabile dipendente dicotomica (per esempio, destra-sbagliata). Un effect size *di tipo d* può essere convertito da un log odds ratio (LOR) derivato da un odds ratio (OR = A x D/B x C). Il metodo statistico che segue e i risultati di questa analisi sono riportati nelle Tabelle 5 e 6.

$$OR = \frac{AD}{BC}$$

$$LOR = \log N(oddsratio)$$

$$d = \frac{LOR}{1.8138}$$

Table 5
Frequencies of Right and Wrong Answers by Instructional Type

	Right	Wrong	Frequency
Blended	265	39	304
Classroom	182	38	220
Frequency	447	77	524

Table 6
Effect Size Calculation

Odds Ratio	Log Odds Ratio	*d*
1.42	0.35	0.19

È stata calcolata anche la dimensione dell'effetto per determinare se vi fossero differenze tra il gruppo misto e il gruppo in classe per quanto riguarda il raggiungimento delle risposte giuste e sbagliate. I risultati del calcolo dell'effect size ($d=0,19$) indicano una piccola differenza tra i gruppi per quanto riguarda il raggiungimento delle risposte giuste e sbagliate. I risultati hanno mostrato che il gruppo misto ha ottenuto punteggi leggermente più alti nei quiz, rispetto al gruppo classe.

Oltre a svolgere i quiz, i partecipanti hanno completato i questionari prima e dopo il corso. I questionari contenevano sia domande di tipo Likert (a risposta chiusa) sia domande a risposta aperta. Ciò ha permesso di raccogliere dati sia quantitativi che qualitativi.

ANOVA a misure ripetute

Per verificare se il tipo di istruzione (in aula, mista) e il tempo (prima e dopo il corso) avessero un impatto sull'apprendimento dei materiali del corso da parte dei partecipanti, è stato chiesto loro di autovalutare la propria conoscenza delle applicazioni (Internet, e-mail, Skype, Twitter e Word) prima e dopo il corso, su una scala da 1 (nessuna) a 5 (eccellente), utilizzando una scala di tipo Likert. Per esempio, se un partecipante si è valutato (prima del test) con una conoscenza nulla o scarsa di Skype (1/5), e dopo il corso si è valutato con una conoscenza eccellente di Skype (4/5), si può stabilire che il partecipante è diventato esperto di Skype grazie al corso.

Per verificare l'esistenza di un'interazione tra il tipo di istruzione e il tempo, è stata eseguita un'*ANOVA* a misure ripetute a una via in SPSS (versione 21). Ho eseguito un'*ANOVA a misure ripetute* 2 x 2 con il tempo (pre, post) come fattore *all'interno dei soggetti* e il tipo di istruzione (in classe, mista) come fattore *tra i soggetti*. Questa analisi ha rivelato un risultato statisticamente significativo per l'effetto principale del tempo, $F(1, 12) = 56,2$, $p=.000$ e del tipo di istruzione, $F(1, 12) = 5,7$, $p=.03$.

Tabella 71

Statistiche descrittive per il tempo dedicato all'istruzione sui punteggi di autovalutazione degli studenti

Test	Type of Instruction	M	SD	N
Pre-total	Blended	12.6	2.8	7
	Classroom	9.0	2.2	7
	Total	10.8	3.0	14
Post-total	Blended	18.1	2.8	7
	Classroom	14.7	4.2	7
	Total	16.4	3.9	14

Tabella 8

Analisi della varianza a misure ripetute per le autovalutazioni

Source	SS	df	MS	F	p
Group	85.8	1	85.8	5.7	.03
Error	180.4	12	15.0		
Within Subjects					
Time	222.9	1	222.9	56.2	.00
Time *Group	0.04	1	0.04	0.00	.93
Error (factor 1)	47.6	12	3.96		

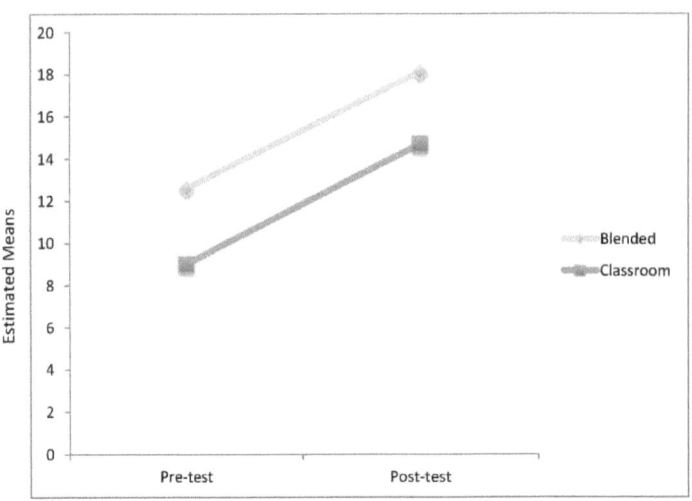

Figura 4. Tipo di istruzione (in classe, mista) per tempo (pre-test, post-test).

I risultati hanno indicato che l'**effetto** principale **del tipo di** istruzione (mista, in classe) e del **tempo (pre e post) sono statisticamente** significativi. Ciò **indica che** il gruppo **misto ha appreso** significativamente di più rispetto **al** gruppo in aula dopo i corsi. Tuttavia, la Figura 4 mostra che le autovalutazioni pre-test dei **due** gruppi erano diverse fin dall'inizio, in quanto la media **del** gruppo **misto era di** 12,6 e quella **del** gruppo **classe di 9.** Pertanto, le **autovalutazioni** del gruppo misto **erano già più alte** nel pre-test, il che implica che le **differenze pre-test** potrebbero **aver causato le** differenze post-test. Ciononostante, la Figura 4 mostra che tutti gli studenti hanno valutato una   maggiore   conoscenza   delle   applicazioni   nel   **questionario postcorso.**

Test f *a* **campione indipendente**

Per analizzare i punteggi di soddisfazione degli studenti, sono stati utilizzati i dati **del** questionario post-corso**. I** partecipanti hanno **valutato se erano soddisfatti** del **corso, dell'istruttore e** se avrebbero consigliato il **corso** ad altri. Il questionario post-corso conteneva sia domande di tipo Likert (a risposta chiusa) sia domande a risposta aperta. Ciò ha permesso di raccogliere dati quantitativi e qualitativi. I dati quantitativi raccolti sono stati valutati su una scala a intervalli, utilizzando un sistema di numerazione da 1 a 4. Pertanto, per analizzare i dati delle domande di tipo Likert, i punteggi sono stati assegnati come segue: A = 1, B= 2, C= 3, D=4. La lettera A rappresentava sempre un *forte accordo o una grande frequenza* ed era contrassegnata dal numero 1. La lettera D rappresentava sempre un forte disaccordo *o una grande frequenza. La* lettera D rappresentava sempre un *forte disaccordo o mai, ed è stata assegnata come* numero 4. Gli indici di soddisfazione sono stati valutati dalle domande 19-23 del questionario post-corso, che consisteva in cinque domande a risposta chiusa seguite da una domanda a risposta aperta. È stato creato un foglio di calcolo Excel per registrare le risposte ai questionari.

Per misurare i punteggi di soddisfazione, l'analisi dei dati è stata eseguita in SPSS (versione 21) con un *test t-t a due code* indipendenti. È stato eseguito un *t-test* per campioni indipendenti a due code con il tipo di istruzione (mista, n=9; in classe, n=8) come variabile indipendente e i punteggi di soddisfazione come variabile dipendente. Questa analisi ha prodotto un *valore t* non significativo, $t\,(15) = 1{,}01\ p = .33$. Si veda la Tabella 9.

Per l'analisi dei dati è stato utilizzato un *t-test a* campioni indipendenti, in quanto vi erano due gruppi, una variabile indipendente, l'istruzione, con due livelli (in aula, misto) e una variabile dipendente, la valutazione della soddisfazione.

Tabella 9

Tipo di istruzione e giudizi di soddisfazione

Source	Type	N	Mean	SD	*t*	df	p	Mean diff.
Satisfaction	Blended	9	6.8	1.7	1.01	15	.33	0.78
	Classroom	8	6.0	1.4				

L'analisi ha verificato se gli studenti fossero più soddisfatti dei corsi di informatica nel gruppo misto o in classe. I risultati hanno dimostrato che gli studenti erano soddisfatti dei corsi di informatica, indipendentemente dal tipo di insegnamento.

Le Figure 5 e 6 mostrano che i partecipanti sono stati complessivamente molto soddisfatti dei corsi, dato che hanno risposto *con un forte consenso* alla maggior parte delle domande sulla soddisfazione dei corsi. Inoltre, per il gruppo classe, la Figura 5 mostra che cinque partecipanti si sono dichiarati *fortemente d'accordo* e tre *d'accordo* alla domanda 22, che chiedeva se il loro interesse per la materia fosse aumentato in seguito alla partecipazione ai corsi. Solo una partecipante ha espresso un *forte disaccordo* per questa domanda, in quanto non voleva avere una presenza online per motivi personali.

Per il gruppo misto, la Figura 6 mostra che quattro partecipanti si sono dichiarati *fortemente d'accordo* e cinque *d'accordo* alla domanda 22, che chiedeva se il loro interesse per la materia fosse aumentato in seguito alla partecipazione ai corsi. Nel complesso, i partecipanti di entrambi i gruppi si sono dichiarati molto soddisfatti dei corsi e la partecipazione ai corsi ha aumentato il loro interesse per i social network e la formazione sulle competenze informatiche.

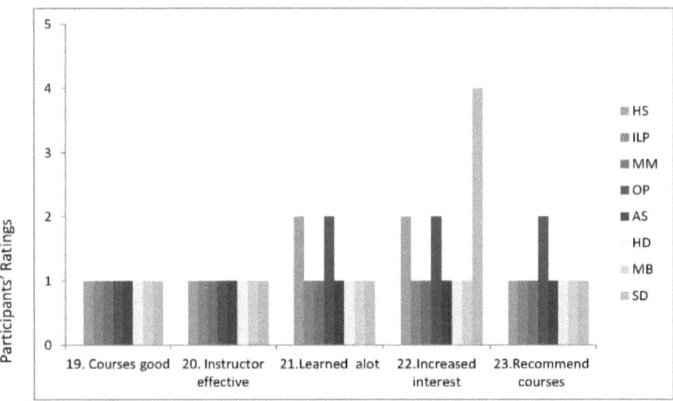

Figura 5: Valutazione del grado di soddisfazione dei partecipanti ai corsi del gruppo classe.

Le valutazioni sono indicate come: 1: Fortemente d'accordo, 2: D'accordo, 3: In disaccordo e 4: Fortemente in disaccordo. Le iniziali dei partecipanti sono indicate come segue: HS, ILP, MM, OP, AS, HD, MB E SD.

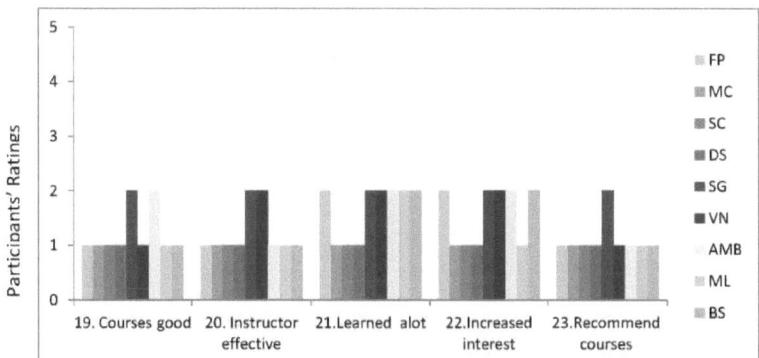

Figura 6: Valutazione della soddisfazione dei partecipanti al gruppo misto in merito ai corsi.
Le valutazioni sono indicate come: 1: fortemente d'accordo, 2: d'accordo, 3: in disaccordo e 4: fortemente in disaccordo.
Le iniziali dei partecipanti sono quelle indicate: FP, MC, SC, DS, SG, VN, AMB, ML, & BS.

7. RISULTATI QUALITATIVI

Nel complesso, i commenti dei partecipanti sono stati molto positivi riguardo ai corsi e all'istruttore. I temi comuni nei commenti dei partecipanti sono stati: "L'istruttore è stato molto disponibile e ha avuto molta pazienza", "Molto soddisfacente nello spiegare tutte le componenti delle lezioni", "Corsi eccellenti", "Mi è piaciuto molto il metodo di insegnamento dell'istruttore" e "L'istruttore era sempre presente per rispondere a tutte le nostre domande".

Analisi dei dati qualitativi

I commenti dei partecipanti al questionario post-corso per entrambi i gruppi hanno rispecchiato i risultati quantitativi ottenuti. I partecipanti hanno indicato che le loro conoscenze e competenze informatiche sono aumentate grazie alla partecipazione ai corsi. Ad esempio, i partecipanti hanno commentato di aver "hanno imparato molto", "hanno capito meglio il computer", "hanno imparato diverse nuove applicazioni", "hanno migliorato le mie competenze" e "si sono sentiti più a loro agio con le applicazioni".

Istruzione mista e valutazioni degli studenti sulla motivazione

Per indagare l'impatto dell'insegnamento misto sulla valutazione della motivazione degli studenti, i partecipanti al gruppo misto hanno compilato ulteriori domande nel questionario post-corso. Ai partecipanti è stato chiesto se fossero motivati a seguire altri corsi misti e se preferissero un corso online a uno in aula. La Tabella 10 contiene le domande, le valutazioni e i commenti dei nove partecipanti.

Tabella 10
Domande e valutazioni sulla motivazione

Questions	Student Ratings
1. Given the opportunity I would take another course in the future that has both online & face-to-face components?	Seven: strongly agree, two: agree. Comments included 'To keep up-to-date with new technology', 'Enjoying both the online and face-to-face courses'
2. The online and face-to-face course components enhanced each other.	Five: strongly agree, four: agree. Comments included: 'Online is great due to not everyone talking at the same time, and hands-on with the teacher is great.' 'Yes, but easier to communicate face-to-face'. 'Online doesn't always work well, but fun to learn'.
3. If the same course is being offered in different formats, which course format would you prefer?	Six: blended course format (online & face-to-face), while 3 rated: entirely face-to-face courses.

I risultati indicano che quasi tutti i partecipanti del gruppo misto hanno dichiarato di aver apprezzato il formato misto del corso e che sarebbero interessati a seguire corsi misti in futuro. Inoltre, è interessante notare che più della metà dei partecipanti non solo era motivata a seguire altri corsi misti, ma di fatto li preferiva ai corsi in aula tradizionali.

Tra i vari commenti dei partecipanti sulla loro motivazione a frequentare altri corsi misti in futuro figurano: "Per tenermi aggiornato sulle nuove tecnologie", "Ne seguirei un altro perché sono sempre disposto a imparare cose nuove" e "Per vedere se la familiarità con la parte online diventa più facile".

Intervista al gruppo di discussione

Come follow-up alle domande aperte, il 4 marzo 2013 è stata realizzata un'intervista di focus group con cinque partecipanti (FP, MC, ML, DS e VV) del gruppo di apprendimento misto. L'intervista si è svolta all'ottava settimana, presso il CCS di Lachine, QC. La durata dell'intervista è stata di circa 20 minuti. Le quattro domande discusse durante l'intervista sono descritte di seguito.

1. Quali sono i vantaggi e gli svantaggi della partecipazione a un corso misto rispetto a un corso

in aula?

2. Cosa vi è piaciuto del formato del corso misto? C'è qualcosa che non vi è piaciuto?
3. Cosa pensate si possa fare per migliorare il formato dei corsi misti?
4. Prendereste in considerazione la possibilità di seguire altri corsi in formato misto?

Questa analisi di follow-up è stata condotta per raccogliere le esperienze dei partecipanti al gruppo misto. Ai partecipanti è stato chiesto di rispondere a quattro domande generali relative alle loro esperienze individuali o condivise. L'intervista è stata registrata audio e successivamente trascritta utilizzando Microsoft Word. L'intervista è stata successivamente codificata, utilizzando Microsoft Word, attraverso il metodo comparativo costante di Glaser e Strauss (1967). Attraverso questo metodo induttivo e comparativo, i dati vengono categorizzati con una codifica aperta, in cui vengono registrate le annotazioni iniziali dei ricercatori sui dati. Successivamente, attraverso un metodo chiamato codifica assiale, questi codici vengono raggruppati in categorie più piccole. Questa fase è caratterizzata da contemplazione e comprensione. Alla fine, questi raggruppamenti vengono perfezionati per ottenere categorie o temi generali. Queste categorie o temi, che emergono dai dati, vengono sottolineate e discusse (Merriam, 2009). I temi emergenti dai dati sono illustrati di seguito.

Risultati

Dall'analisi dei dati sono emersi i seguenti tre temi: (a) la soddisfazione/insoddisfazione dei partecipanti per l'ambiente di apprendimento misto, rispetto all'ambiente di sola classe (b) l'apprendimento situato: le esperienze di apprendimento dei partecipanti nell'ambiente misto e (c) la motivazione dei partecipanti a seguire altri corsi misti in futuro.

Soddisfazione/insoddisfazione per l'ambiente di apprendimento misto. In questo studio, l'ambiente di apprendimento misto combinava sia l'apprendimento online che quello in aula. Uno dei temi emersi dai dati è stata l'insoddisfazione dei partecipanti per le restrizioni associate all'apprendimento in un ambiente online, come la difficoltà di leggere le indicazioni sociali dell'istruttore. Inoltre, rispetto all'ambiente di classe, alcuni partecipanti ritenevano che fosse difficile impegnarsi in una discussione aperta nell'ambiente online. Commenti di FP e DS:

FP: Preferisco il corso in aula rispetto al corso misto (online). Nel corso online, mi sentivo seduto, piuttosto che fare domande, come avrete notato, non avevo molte domande, avevo domande da fare ma non le ho fatte. E: In questo formato si è più confinati, credo, quindi personalmente preferisco l'aula, uno contro uno, è più facile ottenere la vostra attenzione e posso fare le mie domande.

Un altro partecipante ha commentato:

DS: L'unica cosa che non mi è piaciuta è che non potevamo parlare tutti insieme, eravamo limitati. Questo ha reso le cose difficili perché dovevamo scrivere quello che volevamo dire, come gruppo ci deve essere un modo per far parlare tutti.

I commenti espressi dai partecipanti riflettono quanto comunemente espresso dagli studenti che hanno scelto di apprendere in un ambiente online, indipendentemente dal gruppo di età. Sebbene ci siano molti vantaggi associati all'apprendimento online, come il fatto che gli studenti imparano secondo i propri ritmi e tempi, ci sono anche degli svantaggi, come la minima interazione sociale.

In generale, la maggior parte dei partecipanti si è detta soddisfatta dei corsi misti. Commenti di ML, DS e VV:

ML: *Non mi* dispiace la compresenza, ma sono abituato a stare in classe e penso che sia una cosa a cui ci si abitua. Il corso è stato molto istruttivo. Non ero abituato a questo formato, ma per me è stato positivo.

DS: Mi è piaciuto perché non ho un portatile, ho un desktop, sono abituato al mio desktop e alla sua velocità, e mi è piaciuto molto il corso online. Mi ha dato la possibilità di provare la mia nuova webcam, quindi ho apprezzato molto le lezioni online.

VV Quello che mi piaceva online era il fatto che potevo chattare senza interrompere, se c'era qualcosa da dire lo digitavo direttamente nella chat e alla fine tu (l'istruttore) rispondevi.

Questi risultati riflettono quelli ottenuti dalle analisi dei dati quantitativi. Per quanto riguarda le analisi dei dati quantitativi, gli studenti del gruppo misto si sono dichiarati soddisfatti dei corsi misti, ma non in misura maggiore rispetto agli studenti del gruppo solo aula. Pertanto, i risultati delle analisi quantitative e qualitative indicano entrambi che alcuni dei partecipanti al gruppo misto erano più soddisfatti dell'ambiente di apprendimento misto, mentre altri partecipanti, come FP, hanno dichiarato di preferire l'apprendimento nel tradizionale ambiente d'aula.

Apprendimento situato: i partecipanti imparano nell'ambiente misto. Un altro tema saliente emerso dai dati è l'importanza dell'apprendimento situato. Lave e Wenger (1991) definiscono l'apprendimento situato come un apprendimento che avviene nello stesso contesto in cui viene applicato e che è un processo sociale. Questo tipo di apprendimento permette agli studenti di imparare attraverso la socializzazione, la visualizzazione e l'imitazione. Questo tipo di apprendimento era evidente nell'ambiente di apprendimento misto, in quanto i partecipanti hanno dichiarato di aver 38

imparare l'uno dall'altro. Hanno anche dichiarato di essersi aiutati a vicenda e di sentirsi orgogliosi quando erano in grado di aiutare qualcun altro. Questo a sua volta li ha fatti sentire più coraggiosi e più propensi a provare nuove cose al computer. Inoltre, sono diventati esperti perché altri membri del centro che non partecipavano ai corsi di informatica chiedevano loro aiuto. I commenti degli studenti includono:

FP: Anche Monica venerdì mi ha fatto delle domande! Stiamo attingendo l'uno dall'altro.

MC: Stando qui con il mio computer mi sento più sicuro, ho provato a fare qualcosa che non sapevo fare e l'ho fatto! Ho creato una cartella nella mia posta elettronica, l'ho fatto!

MC: Ho insegnato a Frank, ma quando torno a casa ho paura di fare clic, non so perché, ho paura di arrivare da qualche parte ed è un casino.

ML: Devi provarlo sul tuo computer! Se lo fa qualcun altro, non si impara.

L'analisi dei dati quantitativi ha dimostrato che i discenti in modalità mista hanno dichiarato di conoscere meglio le applicazioni dopo i corsi di informatica. Inoltre, per quanto riguarda l'analisi del Chi-quadro, i partecipanti al corso misto hanno ottenuto punteggi leggermente più alti nei quiz, rispetto al gruppo in aula. Una delle ragioni potrebbe essere che nel gruppo misto la maggior parte dei partecipanti ha portato il proprio computer portatile ai corsi. Come suggeriscono i dati qualitativi, l'uso del proprio portatile ha permesso ai partecipanti di sentirsi più coraggiosi e più inclini a provare nuove cose al computer, e forse di sentirsi più a proprio agio nell'aiutare gli altri.

Motivazione dei partecipanti a seguire altri corsi misti. Altri due temi emersi dai dati erano legati al formato del corso e alla motivazione dei partecipanti a seguire altri corsi misti in futuro.

Attualmente, in letteratura esistono poche linee guida sul formato più efficace per i corsi misti con una popolazione di adulti anziani. Per questo studio, il ricercatore ha stabilito che il formato migliore per i discenti adulti anziani sarebbe stato quello di cinque corsi in aula e tre online. Questo formato sembra aver avuto successo con gli studenti, poiché quando è stato chiesto loro se avessero apprezzato il formato del corso, tutti i partecipanti al gruppo misto hanno concordato sul fatto che era bello incontrarsi in classe, ma anche avere le lezioni online. Due partecipanti hanno commentato:

> *ML:* Credo che il formato di cinque corsi in aula e tre online sia stata una buona idea. Ha funzionato bene perché ogni due lezioni eravamo online. Penso che sia stato un buon formato.

> *FP:* Aveva molto senso. Non c'erano problemi.

Inoltre, è stata discussa la motivazione dei partecipanti a seguire altri corsi misti in futuro. I commenti di alcuni partecipanti includono:

> *DS*: Sì, mi piacerebbe. Anche i corsi qui mi sono piaciuti; ho incontrato molte persone simpatiche. È andata molto bene. Mi piacciono entrambi i formati.

> *FP:* Sì. Abbiamo scoperto cosa sappiamo e cosa non sappiamo.

> *MC:* Sì. Ho scoperto che venendo a lezione eravamo in grado di aiutarci l'un l'altro, voi eravate impegnati, noi ci siamo aiutati a vicenda, l'altra persona ci ha detto click lì è ok, ci siamo sentiti meglio!

Per l'analisi quantitativa, abbiamo studiato l'impatto dell'istruzione mista sulla valutazione della motivazione degli studenti. Gli studenti hanno valutato se sarebbero stati motivati a seguire altri corsi misti in futuro. I risultati dell'analisi indicano che sei dei nove partecipanti al gruppo misto hanno dichiarato di aver apprezzato il formato misto del corso e di voler seguire altri corsi misti in futuro. Questi risultati sono coerenti con i dati qualitativi raccolti dalle domande aperte dei questionari. Per quanto riguarda i risultati dell'intervista al focus group, la maggior parte dei partecipanti al gruppo misto ha dichiarato che sarebbe motivata a seguire altri corsi misti in futuro.

Sito web del corso

Il sito web del corso è stato creato come ausilio all'apprendimento per gli studenti da consultare a casa. Il sito web è stato creato in Google Sites e contiene copie delle diapositive di PowerPoint in formato PDF, per ciascuno dei corsi di informatica in classe. All'inizio dei corsi di informatica, l'istruttore ha inviato il link del sito web ai partecipanti via e-mail. Alla fine del primo corso di informatica, l'istruttore ha mostrato come accedere al link nell'e-mail, come cliccare sul link per accedere al sito web e come navigare all'interno del sito. Agli studenti è stato anche mostrato come stampare i file PDF, se lo desideravano. Il sito web consente un apprendimento online asincrono, in quanto gli studenti possono accedere al sito in qualsiasi momento (Figura 6).

È interessante notare che solo due studenti (del gruppo misto) su diciassette hanno dichiarato di non utilizzare il sito web. Un partecipante ha commentato che il sito web era "molto istruttivo per controllare le informazioni". Inoltre, quando in classe è stato chiesto se avessero utilizzato il sito web, gli studenti hanno risposto che lo avevano fatto e che era stato molto utile.

Discussione

In generale, lo scopo di questo studio con metodi misti è stato quello di indagare l'impatto del metodo didattico sui punteggi dei quiz e sulla soddisfazione degli studenti. Secondo Peterson (1990), le due aree principali della gerontologia educativa sono: a) le tecniche di istruzione per gli studenti anziani e b) l'istruzione per le persone che lavorano con gli adulti anziani. Questo studio ha messo a confronto due tecniche didattiche (in aula e mista) con la formazione sulle competenze informatiche e sui social network. Per questo studio, i partecipanti al gruppo misto e a quello in aula hanno svolto quiz settimanali e hanno compilato questionari prima e dopo il corso.

L'ipotesi 1 prevedeva che gli adulti più anziani avrebbero ottenuto punteggi più alti nei quiz del gruppo misto rispetto al gruppo tradizionale con formazione al computer. I dati sulle prestazioni hanno indicato che non c'è stata alcuna differenza significativa tra l'apprendimento misto e quello in classe in base ai risultati dei quiz. Tuttavia, i risultati hanno mostrato che il gruppo di apprendimento misto aveva una proporzione leggermente maggiore di risposte giuste rispetto a quelle sbagliate rispetto al gruppo in aula. Inoltre, l'analisi della dimensione dell'effetto ($d= 0,19$) ha indicato una piccola differenza tra i gruppi sul raggiungimento delle risposte giuste rispetto a quelle sbagliate. I risultati hanno mostrato che il gruppo misto ha ottenuto punteggi leggermente più alti nei quiz, rispetto al gruppo in classe.

Questi risultati non erano attesi, poiché il gruppo misto ha appreso i materiali del corso sui propri computer portatili. Questo suggerirebbe che il tasso di trasferimento sarebbe più alto rispetto ai partecipanti che hanno appreso i materiali del corso su un computer del centro. Secondo Lave & Wenger (1991; 1998) "la conoscenza è fondamentalmente situata nelle situazioni", quindi il trasferimento è maggiore quando gli studenti apprendono nel loro ambiente o nelle loro case. Per questo studio, il gruppo di apprendimento misto ha svolto tre degli otto corsi sul computer di casa. Inoltre, quando hanno frequentato i corsi al centro, hanno imparato sui loro computer e non hanno dovuto trasferire ciò che avevano imparato sui computer del centro ai loro computer a casa.

Pertanto, è possibile che il problema sia dovuto ad altri fattori, come il livello di difficoltà dei quiz. Forse le domande a scelta multipla dei quiz erano troppo facili, dato che entrambi i gruppi hanno ottenuto punteggi elevati nei quiz. Poiché i quiz sono stati ideati per una popolazione di adulti anziani (oltre i 60 anni), il ricercatore non voleva che fossero troppo difficili. Se i quiz fossero stati troppo difficili, i partecipanti avrebbero potuto scegliere di non farli. Gli anziani non erano obbligati a frequentare i corsi di informatica o a svolgere i quiz; lo facevano semplicemente come attività ricreativa.

I partecipanti di entrambi i gruppi hanno anche valutato il loro livello di conoscenza delle applicazioni prima e dopo i corsi di informatica. I risultati hanno indicato un effetto principale statisticamente significativo del tipo di istruzione (mista, in classe) e del tempo (prima e dopo i corsi). Tuttavia, entrambi i gruppi erano diversi fin dall'inizio, con il gruppo misto che autovalutava le proprie competenze informatiche superiori a quelle del gruppo in aula. Poiché i due gruppi non erano uguali all'inizio, è difficile stabilire se il gruppo misto abbia effettivamente imparato di più rispetto al gruppo in aula. Tuttavia, i risultati mostrano che tutti gli studenti hanno dichiarato di avere una maggiore conoscenza delle applicazioni nel questionario post-corso rispetto al questionario pre-corso.

In generale, ci si aspetterebbe che gli studenti sappiano di più su una materia che stanno imparando dopo aver seguito i corsi, o da prima del corso a dopo il corso. Tuttavia, il fatto che i corsi di informatica siano stati tenuti da adulti più anziani di 60 anni, con due adulti più anziani di 80 anni, e che la maggior parte dei partecipanti avesse poca esperienza nell'uso dei social media, come Skype, rende i risultati molto interessanti. Questa coorte di individui è chiamata "immigrati digitali", poiché non è nata nel mondo digitale, come i "nativi digitali" di oggi. Per adattarsi all'ambiente odierno, gli immigrati digitali devono imparare un nuovo modo di comunicare e di operare nel mondo (Prensky, 2001). Questo può essere difficile per la maggior parte dei soggetti, e ancora di più per gli adulti più anziani di questa fascia d'età, che sono affascinati ma terrorizzati dall'uso del computer. Il fatto che abbiano indicato (attraverso autovalutazioni e commenti sul questionario) di avere una maggiore conoscenza e abilità delle applicazioni dopo il corso, indipendentemente dal tipo di istruzione, suggerisce che entrambi i tipi di istruzione possono essere utilizzati con successo per insegnare agli adulti più anziani i social media e le abilità informatiche.

L'ipotesi 2 prevedeva che gli adulti più anziani sarebbero stati più soddisfatti dei corsi misti rispetto a quelli tradizionali in aula. I risultati dell'analisi della soddisfazione degli studenti non hanno indicato differenze significative tra il gruppo misto e quello in aula per quanto riguarda la valutazione della soddisfazione, tuttavia i risultati hanno mostrato che gli studenti erano soddisfatti dei corsi al computer, indipendentemente dal tipo di istruzione.

Per questo studio, il gruppo misto ha partecipato a cinque corsi in aula e a tre corsi online.

I corsi online sono stati svolti nelle rispettive case. Uno dei vantaggi dell'apprendimento online è che gli studenti possono seguire i corsi dove e quando è più comodo per loro. Tuttavia, per questo studio, i corsi online sono stati svolti in modo sincrono, con l'istruttore e i partecipanti che si incontravano online in un giorno e a un'ora specifici. Forse i partecipanti al gruppo misto non si sono ritenuti più soddisfatti perché non hanno sperimentato tutti i vantaggi associati all'apprendimento online, come ad esempio la possibilità di seguire i corsi a loro piacimento.

Inoltre, gli anziani in pensione di solito si uniscono a gruppi o club perché amano la socializzazione che avviene durante queste uscite. I corsi online sono stati svolti da casa loro, quindi potrebbero aver perso l'occasione di recarsi al centro e di incontrarsi con gli altri partecipanti. Ad esempio, la maggior parte dei partecipanti si recava al centro almeno un'ora prima dell'inizio dei corsi, in modo da poter socializzare con gli altri membri. Pertanto, questi fattori potrebbero aver influito sulla valutazione della soddisfazione dei corsi da parte del gruppo misto.

Trattandosi di uno studio a metodo misto, è stata effettuata anche l'analisi dei dati qualitativi. I dati qualitativi sono stati raccolti con domande aperte sui questionari e con un'intervista di focus group. Dall'intervista del focus group sono emersi tre temi principali. I temi erano (a) la soddisfazione/insoddisfazione dei partecipanti per l'ambiente di apprendimento misto, rispetto alla sola classe (b) l'apprendimento situato: le esperienze di apprendimento dei partecipanti nell'ambiente misto e (c) la motivazione dei partecipanti a seguire altri corsi misti in futuro.

Per quanto riguarda la soddisfazione/insoddisfazione degli studenti nei confronti dell'ambiente di apprendimento misto, gli studenti hanno indicato di essere insoddisfatti delle restrizioni associate all'apprendimento in un ambiente online, come ad esempio la difficoltà di leggere le indicazioni sociali dell'istruttore. Inoltre, rispetto all'ambiente di classe, alcuni partecipanti hanno ritenuto difficile impegnarsi in una discussione aperta nell'ambiente online. Questi risultati rispecchiano quelli ottenuti dall'analisi dei dati quantitativi, in cui gli studenti si sono dichiarati soddisfatti dei corsi misti, ma non in misura maggiore rispetto agli studenti del gruppo di sola classe. Lakin et al. (2008) hanno riscontrato che gli adulti più anziani preferiscono i corsi tradizionali in aula rispetto all'istruzione online. Le ragioni della loro preferenza sono state le scarse competenze informatiche e la perdita dei contatti diretti. In questo studio, gli anziani avevano competenze informatiche intermedie e hanno seguito un corso sull'uso di Adobe Connect in classe prima di seguire i corsi online. Pertanto, hanno incontrato poche difficoltà con la tecnologia necessaria per seguire i corsi online. Tuttavia, poiché questa fascia d'età è abituata a seguire i corsi in un ambiente tradizionale, alcuni dei partecipanti lo hanno preferito all'ambiente online.

Per quanto riguarda le esperienze di apprendimento in ambiente misto, i partecipanti hanno dichiarato di aver imparato gli uni dagli altri, di essersi aiutati a vicenda e di essersi sentiti orgogliosi quando erano in grado di aiutare qualcun altro. Questo a sua volta li ha fatti sentire più coraggiosi e più propensi a provare nuove cose al computer. Tuttavia, questo è stato dimostrato più nell'ambiente scolastico che in quello online. Secondo Hansman et al. (2001; 1993) la socializzazione è importante perché gli adulti più anziani non imparano facilmente le abilità informatiche individualmente; devono interagire con altri studenti, con l'istruttore e con gli strumenti di apprendimento. Nell'ambiente online i partecipanti hanno trovato difficile l'aspetto dell'apprendimento sociale. Nell'ambiente online potevano vedersi ma non sentirsi parlare, e potevano vedere e sentire l'istruttore, poiché le loro webcam erano accese, ma i loro microfoni erano disabilitati. Pertanto, i partecipanti hanno comunicato attraverso la chat. Poiché questo gruppo di anziani non è abituato a questo tipo di comunicazione, per alcuni è stato difficile. L'istruttore ha dovuto incoraggiarli a usare la chat, perché tendevano a compiere gesti fisici come scuotere la testa per un sì o un no, invece di digitare nella chat.

L'ultimo tema emerso dai dati è la motivazione dei partecipanti a seguire altri corsi misti in futuro. Sebbene l'unica esperienza dei partecipanti con i corsi misti sia stata quella dei corsi seguiti nell'ambito di questo studio, la maggior parte dei partecipanti (sei su nove) ha dichiarato di aver apprezzato il formato misto e di voler seguire altri corsi misti in futuro. Questo dato è incoraggiante, poiché l'istruzione mista può essere vantaggiosa per gli studenti adulti più anziani, in quanto combina gli aspetti migliori dell'apprendimento in classe con quelli dell'apprendimento online.

Una serie di meta-analisi sull'apprendimento online e misto rispetto all'istruzione in aula ha riunito molti studi (Bernard et al., 2004, Bernard, 2010, Schmid et al., 2009, Sitzman et al., 2006 e Cook et al., 2008) condotti in vari contesti al fine di stimare l'efficacia comparativa dell'apprendimento di questi due modelli. Questa serie di studi ha dimostrato un notevole grado di coerenza, tanto che si può trarre la conclusione generale che l'online apporta benefici agli studenti, rispetto all'istruzione in aula, ma solo in misura modesta. Tuttavia, l'istruzione mista può combinare il meglio degli ambienti online e di classe e quindi può valere la pena di investire risorse, tempo e denaro, per ottenere una forma di istruzione più efficace rispetto alla sola istruzione in classe o online.

Teoria dell'apprendimento degli adulti

Secondo Knowles (1980), i discenti adulti devono sentirsi attivamente coinvolti nell'apprendimento e i materiali del corso devono essere significativi e rilevanti per la loro vita personale. I risultati di questo studio mostrano che la maggior parte dei partecipanti di entrambi i gruppi ha dichiarato di sentirsi attivamente coinvolto nell'apprendimento. Inoltre, hanno ritenuto che il materiale del corso fosse significativo e rilevante per la loro vita. Secondo le autovalutazioni e i commenti degli studenti, le loro conoscenze, l'interesse per le applicazioni e le competenze informatiche sono aumentate grazie alla partecipazione ai corsi di informatica, indipendentemente dal gruppo di appartenenza.

John (1988) ha rilevato che gli studenti adulti sono autodiretti, hanno varie esperienze di vita che favoriscono l'apprendimento e sono interessati a programmi che migliorano le loro conoscenze e competenze, soprattutto se sono associati a questioni rilevanti per la loro vita personale. Allo stesso modo, gli adulti più anziani di questo studio possono essere stati autodiretti, poiché erano tutti pensionati e non erano obbligati a seguire i corsi di informatica per le prospettive di lavoro. Nel questionario pre-corso, gli anziani hanno dichiarato di essere interessati ad acquisire competenze in materia di social network e computer per motivi personali, ad esempio per rimanere in contatto con i figli e i nipoti che vivono in altre parti del mondo. In risposta alla domanda aperta "Perché ti sei iscritto ai corsi di informatica?", la maggior parte dei partecipanti ha commentato "È importante conoscere la nuova tecnologia per comunicare" e "per imparare più competenze informatiche". È interessante notare che una partecipante ha commentato di aver seguito i corsi di informatica come "conoscenza per il futuro".

Domande post-corso specifiche per il gruppo di apprendimento misto

In questo studio, il gruppo misto ha ricevuto domande aggiuntive nei questionari post-corso. Il ricercatore era interessato a sapere se i partecipanti avessero difficoltà a utilizzare la tecnologia richiesta per il corso, in questo caso Adobe Connect, e se si sentissero isolati, impegnati o ansiosi quando partecipavano ai tre corsi online rispetto ai cinque corsi in aula. I risultati dei questionari hanno mostrato che i partecipanti in generale hanno avuto pochi problemi con la tecnologia dei corsi e non si sono sentiti ansiosi o isolati.

Alcuni dei commenti dei partecipanti sono stati: "Mi sono sentito coinvolto perché sono stato in grado di capire le informazioni del professore e di eseguire le funzioni", "Avendo altri con meno o più conoscenze, sono in grado di trarre spunto dalle loro domande e dalle risposte dell'istruttore", e "Muovermi sullo schermo mi rende ansioso finché non mi abituo al sito. Questo corso mi incoraggia a osare un po' di più e mi permette di fare domande fuori dallo schermo".

I dati quantitativi e qualitativi raccolti hanno mostrato che la maggior parte dei partecipanti si è sentita coinvolta nei corsi e più della metà ha dichiarato che non solo avrebbe seguito altri corsi online in futuro, ma che li avrebbe addirittura preferiti ai corsi in aula. Tuttavia, è importante notare che i partecipanti hanno ricevuto una formazione aggiuntiva su Adobe Connect e che i corsi online erano sincroni, quindi l'istruttore era presente e disponibile ad assistere i partecipanti nell'ambiente online. Di conseguenza, i risultati di questo studio potrebbero non essere trasferiti ai corsi svolti in modalità asincrona o in contesti in cui i discenti interagiscono con i contenuti attraverso un ambiente didattico autonomo basato sul Web.

Progettazione di corsi misti

Attualmente, in letteratura esistono poche linee guida sul formato più efficace per i corsi misti con una popolazione di adulti anziani. Secondo Gutierrez (2006) alcuni corsi mescolano equamente le due forme di insegnamento, mentre altri utilizzano maggiormente le strategie online, ricorrendo raramente al contatto diretto. In questo studio, il gruppo misto ha partecipato a cinque corsi in aula e a tre corsi online. Il ricercatore ha deciso questa combinazione per non sovraccaricare gli studenti adulti più anziani. Visti i giudizi e i commenti positivi del gruppo misto, questo mix potrebbe essere ideale per una popolazione di adulti più anziani, che hanno potuto godere del contatto sociale dei corsi in aula, ma anche provare qualcosa di nuovo e stimolante con i corsi online. Ciò si riflette anche nei risultati del questionario post-corso, in quanto più della metà dei partecipanti al gruppo misto ha indicato che i corsi online e in aula si sono rafforzati a vicenda.

Analisi a metodo misto

In un disegno convergente a metodi misti, il ricercatore confronta i dati quantitativi e qualitativi raccolti per determinare se producono risultati simili (Creswell, 2012). In questo tipo di disegno, i dati quantitativi forniscono una panoramica generale del fenomeno, mentre i dati qualitativi offrono informazioni sul contesto e sul setting. Per quanto riguarda i risultati di questo studio, il confronto tra i dati quantitativi e qualitativi ha mostrato che i due tipi di dati raccolti hanno dato risultati simili. Le valutazioni dei partecipanti (Fortemente d'accordo, D'accordo, In disaccordo, Fortemente in disaccordo) e i commenti alle domande sia per il questionario misto che per quello in classe erano molto simili, con i commenti che fornivano un contesto e una comprensione più profonda delle esperienze dei partecipanti.

Limitazioni

Sebbene questo studio abbia fatto luce sulle valutazioni di soddisfazione e sui punteggi di efficacia degli anziani con l'istruzione mista (in aula/online) rispetto a quella in aula, è necessario affrontare alcuni limiti metodologici.

Uno dei limiti di questo studio è la dimensione ridotta del campione. Un campione di dimensioni ridotte ha una minore capacità di rilevare differenze o relazioni. Tuttavia, le dimensioni ridotte del campione hanno permesso un'analisi più approfondita delle esperienze dei partecipanti ai due gruppi di corsi di informatica.

Ci sono stati anche dei limiti nel software utilizzato per eseguire i quiz, Survey Monkey. Questo software non consente di raccogliere i punteggi individuali dei quiz. Pertanto, tutti i quiz sono stati eseguiti in forma anonima in Survey Monkey e i punteggi individuali dei partecipanti non sono stati forniti.

Inoltre, il disegno di questo studio era quasi-sperimentale. Questo disegno può introdurre molte più minacce alla validità interna rispetto a un vero esperimento (Creswell, 2012). Una minaccia alla validità interna potrebbe essere la selezione, in quanto i partecipanti al gruppo misto potrebbero avere competenze informatiche più avanzate rispetto al gruppo in classe, influenzando così il risultato dello studio. Altre minacce alla validità interna potrebbero essere il campionamento di convenienza e l'assegnazione non casuale, in quanto il ricercatore ha avuto accesso ai partecipanti perché erano disponibili e disposti a seguire i corsi (Campbell & Stanley, 1963). Infine, un'altra minaccia potrebbe essere la mortalità, in quanto un partecipante che si è iscritto ai corsi di informatica ha ritenuto che i corsi fossero troppo avanzati e ha abbandonato dopo il primo corso.

Un'altra limitazione dello studio potrebbe essere la diversa durata delle due sessioni di formazione al computer. Per questo studio sono state effettuate due sessioni di corsi di informatica. La durata della prima sessione è stata di otto settimane, mentre la durata della seconda sessione è stata di quattro settimane. Pertanto, per la seconda sessione, i corsi sono stati eseguiti due volte a settimana, rispetto alla prima sessione. La durata più breve della seconda sessione di corsi potrebbe essere un limite, in quanto i partecipanti hanno avuto meno tempo tra un corso e l'altro e hanno dovuto imparare i materiali del corso a un ritmo più veloce rispetto ai partecipanti della prima sessione. Questo potrebbe aver influito sui punteggi dei quiz e sulla valutazione dei corsi nei questionari post-corso.

Un'altra limitazione è che i risultati di questo studio possono essere attribuiti solo alle due sessioni di corsi di informatica tenuti per questo studio, e non a tutti i corsi di informatica in generale. Anche se la maggior parte dei partecipanti al gruppo misto ha dichiarato che sarebbe motivata a seguire altri corsi misti in futuro, può basare le proprie esperienze solo sui corsi misti tenuti per questo studio.

Ricerca futura

Alcuni suggerimenti per la ricerca futura sarebbero quelli di ottenere un campione più ampio, preferibilmente con partecipanti che abbiano livelli simili di competenze informatiche all'inizio dei corsi. In questo modo si potrebbe garantire che se uno dei due gruppi (aula, blended) mostrasse un aumento delle conoscenze e delle competenze dopo i corsi, ciò sarebbe molto probabilmente dovuto alle conoscenze acquisite durante i corsi e non al fatto che erano diverse fin dall'inizio.

Inoltre, ci sono stati alcuni problemi con gli adulti più anziani che hanno compilato i quiz online in Survey Monkey, ad esempio alcuni partecipanti non frequentavano spesso la loro e-mail, quindi non hanno ricevuto il link per eseguire i quiz. Pertanto, l'istruttore ha dovuto ricordare loro continuamente di eseguire i quiz. Un metodo più efficiente sarebbe stato quello di chiedere ai partecipanti di compilare una versione del quiz con carta e matita. Il ricercatore avrebbe così avuto a disposizione le valutazioni individuali dei partecipanti sui quiz, il che sarebbe stato più utile per analizzare i dati dei quiz.

Un altro suggerimento per la ricerca futura sarebbe quello di eseguire un'analisi degli item sui quiz. Per quanto riguarda i risultati di questo studio, non c'è stata una differenza significativa tra i due gruppi nei punteggi dei quiz. Ciò potrebbe essere dovuto al fatto che le domande a scelta multipla dei quiz erano troppo facili. L'esecuzione di un'analisi degli item sullo strumento potrebbe determinare se le domande sono sufficientemente distraenti e se è necessario utilizzare distrattori aggiuntivi. Per questo studio non è stata eseguita un'analisi degli item delle domande dei quiz; tuttavia, se i quiz dovessero essere riutilizzati per uno studio su scala più ampia, sarebbe vantaggioso eseguire questa analisi.

Inoltre, i partecipanti hanno avuto accesso al sito web del corso per utilizzarlo come ausilio all'apprendimento. Il sito web conteneva le diapositive in PowerPoint di tutti i corsi in formato pdf. Questo ha permesso un apprendimento online asincrono dei materiali del corso, in quanto i partecipanti potevano accedere al sito web in qualsiasi momento. Il questionario post-corso conteneva solo due domande relative al sito web del corso, ovvero se i partecipanti avessero utilizzato il sito e se lo avessero trovato utile. Tutti i partecipanti, tranne due, hanno dichiarato di aver utilizzato il sito web e di averlo trovato utile. Inoltre, un partecipante del gruppo di apprendimento misto ha stampato tutte le diapositive di PowerPoint e le ha portate in classe per prendere appunti.

Questo elemento aggiuntivo non è stato analizzato a fondo in questo studio. Una ricerca futura potrebbe esaminare come il sito web abbia aiutato i partecipanti ad apprendere i materiali del corso, con quale frequenza lo abbiano utilizzato e se il sito web abbia avuto un impatto sui risultati. Si potrebbe anche esaminare se i partecipanti hanno apprezzato il formato online del sito web o se avrebbero preferito un altro formato per l'aiuto all'apprendimento, come le dispense scritte.

La ricerca futura su questo argomento è importante, poiché il numero di studenti adulti anziani o di studenti per tutta la vita è in aumento, soprattutto per quanto riguarda l'apprendimento online, in quanto stanno diventando più a loro agio con l'uso della tecnologia. Inoltre, l'insegnamento delle competenze informatiche agli adulti più anziani presenta molti vantaggi. Uno studio recente ha rilevato che gli anziani che usano frequentemente Internet provano un senso di appartenenza e hanno fino al 28% di probabilità in meno di cadere in depressione. Ciò si riflette in uno dei commenti dei partecipanti che hanno affermato che "imparare con la tecnologia è impegnativo, ma una volta acquisita la padronanza, non mi sento scollegato dal resto delle persone che la usano". In altre parole, è importante che gli adulti più anziani imparino le nuove tecnologie per rimanere connessi nella società di oggi. Pertanto, la ricerca futura che identifica strategie didattiche efficaci per l'apprendimento delle abilità informatiche e di social networking da parte degli adulti più anziani è molto importante.

Conclusione

Le ricerche indicano che nell'insegnamento delle abilità informatiche agli anziani è consigliabile utilizzare diversi metodi didattici. L'istruzione mista, che combina l'apprendimento sincrono online con l'insegnamento in classe, può essere un metodo didattico ideale per gli adulti più anziani. Inoltre, i problemi e l'inesperienza nell'uso della tecnologia possono essere affrontati e risolti con successo grazie a un supporto supplementare e all'assistenza tecnica.

Inoltre, i risultati di questo studio hanno indicato (attraverso i punteggi dei quiz e le valutazioni di soddisfazione degli studenti) che entrambi i tipi di istruzione, quella mista (sincrona online e in classe) e quella tradizionale in classe, sono ugualmente efficaci per insegnare agli adulti più anziani le competenze informatiche e di social networking.

Riferimenti

Baack, S. A., Brown, T. S., & Brown, J. T. (1991). Atteggiamento verso il computer: Le opinioni degli adulti più anziani rispetto a quelle dei giovani adulti. *Journal of Research on Computing in Education, 23,* 422-433.

Baldi, R. (1997). Formazione degli adulti anziani all'uso del computer: Questioni relative al luogo di lavoro, agli atteggiamenti e alla formazione. *Gerontologia educativa, 23*(5), 453-465.

Battersby, D. e Glendenning, F. (1992). Ricostruire l'educazione per gli adulti anziani: Un'elaborazione della dichiarazione dei primi principi. *Australian Journal of Adult and Community Education, 32,* 115-121.

Bernard, R.M. (2010). *Lo stato della ricerca sull'apprendimento online e misto e come possiamo progredire (a breve e a lungo termine).* Presentazione su invito alla 16a Conferenza internazionale Sloan-C sull'apprendimento online, Orlando, Florida.

Bernard, R.M., Abrami, P.C., Borokhovski, E., Wade, A., Tamim, R.A., Surkes, M.A., & Bethel, E.C. (2009). Una meta-analisi di tre tipi di trattamenti di interazione nella formazione a distanza. *Review of Educational Research. 79 (3),* 1243-1289.

Bernard, R. M., Abrami, P. C., Lou, Y., Borokhovski, E., Wade, A., Wozney, L., Wallet, P. A., Fiset, M., & Huang, B. (2004). Come si colloca l'istruzione a distanza rispetto a quella in aula? Una meta-analisi della letteratura empirica. *Review of Educational Research,* 74(3), 379-439.

Blended Course Student Survey | Blended Learning Toolkit, preparato dalla University of Central Florida e dall'American Association of State Colleges and Universities. Recuperato da: http://blended.online.ucf.edu/evaluation-resources/survey-instruments/

Braun, M.T. (2013). Ostacoli all'uso dei siti web di social networking tra gli adulti più anziani. *Computers in Human Behavior. 29,* 673-680.

Brubaker, T. H. e Roberto, K. A. (1993). Educazione alla vita familiare per gli ultimi anni. *Relazioni familiari, 42,* 212-221.

Campbell, D.T. e Stanley, J.C. (1963). Disegni sperimentali e quasi-sperimentali per la ricerca. Chicago, IL: Rand-McNally.

Chaffin, A.J., & Harlow, S.D. (2005). L'apprendimento cognitivo applicato agli studenti adulti anziani e alla tecnologia. *Gerontologia educativa, 31(4), 301-329.*

Charness, N., Czaja, S. e Sharit, J. (2007). Età e tecnologia per il lavoro. In K.S. Shultz & G.A. Adams (Eds.) *Aging and Work in the 21st Century* (pp. 225-249). Mahwah, NJ: Lawrence Erlbaum Associates.

Indagine in classe sull'impegno degli studenti (CLASSE). Adattamento del National Survey of Student Engagement (NSSE) con il permesso dell'Indiana University. Recuperato da: http://assessment.ua.edu/CLASSE/Documents/CLASSE_Student.pdf

Cook, D.A., Levinson, A.J., Garside, S., Dupras, et al. (2008). L'apprendimento basato su Internet nelle professioni sanitarie: Una meta-analisi. Journal of the American Medical Association, 300(10), 1181-1196. doi: 10.100/jama.300.10.1181.

Cook, K., Owston, R. D., & Garrison, R. D. (2004). *Pratiche di apprendimento misto nelle università COHERE.* (Rapporto tecnico n. 2004-5 dell'Istituto per la ricerca sulle tecnologie dell'apprendimento). Toronto, ON: York University.

Creswell, J.W. (2012). *Ricerca educativa: Pianificare, condurre e valutare la ricerca quantitativa e qualitativa,* 4a edizione. Columbus, OH: Merrill Prentice-Hall.

Cronbach, L.J. (1951). "Il coefficiente alfa e la struttura interna dei test". *Psychometrika 16* (3): 297-334.

Sviluppo di liste di controllo e scale di valutazione. Istituto della Columbia Britannica di Tecnologia. Recuperato da: https://helpdesk.bcit.ca/fsr/teach/teaching/ja_developchecklists.pdf

Driscoll, M. P. (2005). *Psicologia dell'apprendimento per l'istruzione.* Pearson Education, Inc., Stati Uniti d'America.

Dyck, J. L., & Smither, J. A. (1996). L'acquisizione da parte degli anziani dell'elaborazione di testi: il contributo delle abilità cognitive e dell'ansia da computer. *Computers in Human Behavior, 12,* 107-119.

Erickson, A.S., Noonan P.M. (2010). Adulti in tarda carriera nella formazione online: Un'esperienza gratificante per persone di età compresa tra i 50 e i 65 anni. *MERLOT Journal of Online Learning and Teaching, 6*(2), 388-397.

Filipczak, B. (1998).Vecchi cani, nuovi trucchi. *Formazione, 35*(5), 57-58.

Garrison, D. R. e Vaughan, N. D. (2008). *Apprendimento misto nell'istruzione superiore: Quadro, principi e linee guida* (Appendici 5 e 6). Jossey-Bass: San Francisco.

Githens, R.P. (2007). Gli anziani e l'e-learning, opportunità e ostacoli. *The Quarterly Review of Distance Education 8*(4), 329-338.

Girton, K. M. (1995). L'educazione come espressione: Un'espansione naturale della teoria della geragogia. *Gerontologia e educazione geriatrica, 16,* 53-69.

Glaser, B.G. e Strauss, A. (1967). *La scoperta della teoria fondata.* Chicago: Aldine.

Gutierrez, F. M. (2006). Le migliori pratiche della facoltà nell'uso dell'apprendimento misto nell'apprendimento elettronico e nell'istruzione faccia a faccia. International Journal on ELearning, 5(3), 313-337.

Halverson, L.R., Graham, C.R., Spring, K.J. e Drysdale, J.S. (2012). Un'analisi delle borse di studio ad alto impatto e delle tendenze di pubblicazione nell'apprendimento misto. *Formazione a distanza, 33(3),* 381-413.

Hansman, C. A. (2001). L'apprendimento degli adulti basato sul contesto. In S. B. Merriam (a cura di*), The new update on adult learning theory* (pp. 43-51). San Francisco: Jossey-Bass.

Hiemstra, R. (1980). *Preparare gli operatori dei servizi umani a insegnare agli adulti anziani.* Columbus, OH: National Center for Research in Vocational Education (ERIC Document Reproduction Service No. ED 193 529).

Knowles, M. (1980). La pratica moderna dell'educazione degli adulti: Dalla pedagogia all'andragogia. Wilton, Connecticut: Association Press.

John, M. T. (1988). *Geragogia: Una teoria per l'insegnamento agli anziani.* New York: Haworth.

Jones, B. D. & Bayen, U. J. (1998). Insegnare agli anziani a usare il computer: Raccomandazioni basate sulla ricerca sull'invecchiamento cognitivo. *Gerontologia educativa, 24(7),* 675-689.

Kim, Y.S. (2008): Reviewing and Critiquing Computer Learning and Usage Among Older Adults, *Educational Gerontology,* 34(8), 709-735

Kirkpatrick, D.L. (1998). *Evaluating Training Programs,* Second Edition, San Francisco, CA: Berrett-Koehler.

Lakin, M.B., Mullane, L., Robinson, S.P. (2008). *Tracciare nuove direzioni: L'istruzione superiore per gli adulti più anziani.* Washington DC: Consiglio americano per l'istruzione.

Lave, J. & Wenger, E. (1991). *Apprendimento situato: La partecipazione periferica legittima.* New York: Cambridge University Press.

Mayhorn, C. B., Sronge, A. J., McLaughlin, A. C., & Rogers, W. A. (2004). Anziani, formazione al computer e approccio sistemico: Una formula per il successo. *Gerontologia educativa, 30,* 185-203.

Melton, B., Graf, H. e Chopak-Foss, J. (2009). Risultati e soddisfazione nell'apprendimento misto rispetto alla progettazione tradizionale di un corso di salute generale. *International Journal for the Scholarship of Teaching and Learning, 3*(1), 1-13.

Merriam, S.B. (2009). *La ricerca qualitativa: Una guida alla progettazione e all'implementazione.* San Francisco: Jossey-Bass.

Esame di Microsoft Word 2007. ProProfs Quiz Maker. Recuperato da: www.proprofs.com/quiz-school/story.php?title=microsoft-word-2007- esame

Moody, H. R. (1985). Filosofia dell'educazione per gli adulti anziani. In D. B. Lumsden (a cura di), *L'adulto anziano come discente: Aspetti della gerontologia educativa* (pp. 25-49). Washington, DC: Hemisphere.

Morris, J.M. (1994). Esigenze di formazione informatica degli adulti più anziani. *Gerontologia educativa*, 20, 541-555.

Morris, M.L. e Ballard, S.M. (2003). Tecniche di istruzione e considerazioni ambientali nei programmi di educazione alla vita familiare per adulti di mezza età e anziani. *Relazioni familiari, 52,* 167-173.

Osguthorpe, R.T. & Graham C.R. (2003). Ambienti di apprendimento misto: Definizioni e indicazioni. *The Quarterly Review of Distance Education, 4*(3), 227-233.

Owston, R. (2012). Valutazione dei corsi di apprendimento misto della Facoltà di Arti Liberali e Studi Professionali e della Facoltà di Salute - Sessione invernale 2012. Istituto di ricerca sulle tecnologie dell'apprendimento.

Recuperato da: http://irlt.yorku.ca/reports/TechReport2012-3.pdf

Peterson, D.A. (1990). Storia dell'educazione degli anziani. In R.H. Sherron & D.B. Lumsden (Eds J, *Introduzione alla gerontologia educativa* (pp.1-21). Washington, DC: Hemisphere.

Prensky, M. (2001). Nativi digitali, immigrati digitali. *On the Horizon, 9(5),* 1-6.

Rovai, A.P. & Jordan, H.M. (2004). Apprendimento misto e senso di comunità: Un'analisi comparativa con corsi di laurea tradizionali e completamente on-line. *International Review of Research in Open and Distance Learning, 5*(2), 1492-3831.

Schmid, R.F., Bernard, R.M., Borokhovski, E., Tamim, R., Abrami, P.C., Wade, A. et al. (2009). L'effetto della tecnologia sui risultati nell'istruzione superiore: Una meta-analisi di fase I delle applicazioni in classe. *Journal of Computing in Higher Education. 21,* 95-109. doi:10.1007/s12528-009- 9021-8.

Sitzmann T., Kraiger, K., Stewart, D. e Wisher R. (2006). L'efficacia comparativa dell'istruzione basata sul web e dell'istruzione in classe: Una meta-analisi. *Psicologia del personale, 59*(3), 623-664.

Teoria dell'apprendimento sociale.(1996). Recuperato da: http://condor.admin.ccny.cuny.edu/~hhartman/Overview of Bandura's Theory.htm

Swindell, R. (2002). U3A online: Un'università virtuale della terza età per persone isolate. *International Journal of Lifelong Education,* 21(5), 414429.

Centro per lo studio dell'apprendimento e delle prestazioni, Concordia University. Indagine sugli studenti PedTech. Recuperato da: http://doe.concordia.ca/cslp/cslp cms/Instruments

Urdan, T.C. (2010). *Statistiche in inglese semplice.* New York: Routledge, Taylor and Francis Group.

Dipartimento dell'Istruzione degli Stati Uniti, Ufficio di pianificazione, valutazione e sviluppo delle politiche (2009). *Valutazione delle pratiche basate sull'evidenza nell'apprendimento online: Una meta-analisi e una revisione degli studi sull'apprendimento online*, Washington, D.C.

Van Fleet, C. e Antell, K. E. (2002). Creare cybersenior: L'apprendimento degli anziani e le sue implicazioni per la formazione informatica. *Biblioteche pubbliche, 41(3),* 149-155.

Wenger, E. (1998). *Comunità di pratica: Apprendimento, significato e identità.* New York: Cambridge University Press.

Wilson, A. L. (1993). La promessa della cognizione situata. In S. B. Merriam (a cura di), *Un aggiornamento sull'apprendimento degli adulti (pp.* 71-79). San Francisco: Jossey-Bass.

Zickuhr, K. & Madden, M. (2012) Gli anziani e l'uso di Internet. Pew Research Center. Recuperato da: http://www.pewinternet.org/~/media//Files/Reports/2012/PIP Older adults and internet use.pdf

Appendice A

Strumenti

Questionario 1: Sondaggio tecnologico pre-corso (per tutti gli studenti)
Ci parli di lei:
1. Perché si è iscritto ai corsi di informatica?

2. Come giudica le sue competenze informatiche? (Selezionare ^)
Principiante Intermedio Esperto
3. Quanto tempo trascorre al computer a settimana (e-mail, Internet, ecc.)?
Ore   Minuti
4. Per cosa si usa il computer? (Selezionare ^ tutti quelli che si applicano)
Comunicazione   Informazioni   Ricerca   Shopping
    Attività di svago
Altro? Si prega di spiegare_____
5. Cosa vi aspettate di imparare nelle otto settimane di corsi di informatica?

6. Quali sono le vostre aspettative nei confronti dell'Istruttore?

7. In quale fascia d'età rientra:
55-60   61-65   66-70   71-75   76-80   81-85
8. Sei un uomo o una donna?
9. Qual è il tuo livello di istruzione? Scuola superiore Cegep
Università   Altro

Sezione I: Apprendimento con la tecnologia. Utilizzando la scala fornita, si prega di indicare la frequenza di utilizzo delle seguenti applicazioni nell'ambito di questo corso, sia all'interno che all'esterno delle lezioni.

A	B	C	D
Molto spesso	Spesso	Spesso A volte	Mai

Frequenza di utilizzo:
10. Complessivamente, con quale frequenza utilizzerà il computer durante le lezioni?
11. Complessivamente, quanto spesso usa il computer al di fuori delle ore di lezione?

Valutate la vostra conoscenza di queste applicazioni:

1	2	3	4	5
Nessuno	Debole	Medio	Buono	Eccellente

12. E-mail
13. Internet (ad esempio, motori di ricerca come Google, ecc.)
14. Skype
15. Twitter
16. Elaborazione testi (ad esempio, Microsoft Word)

Sezione II: Efficacia percepita dell'uso del computer: in classe e fuori. Utilizzando la scala fornita, si prega di valutare in che misura si è d'accordo o in disaccordo con le seguenti affermazioni.

A	B	C	D
Fortemente d'accordo	D'accordo	Disaccordo	Fortemente in disaccordo

Utilizzare un computer per questo corso ...

17. Mi aiuterà a impegnarmi più attivamente nell'apprendimento.
18. Mi sarà più facile rivedere il materiale che non ho capito in classe.
19. Mi aiuterà a fissare obiettivi di apprendimento realistici.
20. Aumenta la mia fiducia di poter imparare il materiale.
21. Aumenterà il mio interesse per l'argomento del corso.
22. Renderanno il contenuto del corso più rilevante dal punto di vista personale.
23. Aumenterò le mie interazioni con gli altri studenti e/o con l'istruttore.
24. Mi sarà più facile esprimere opinioni e partecipare a discussioni.
25. Aumenterà la mia fiducia nelle mie capacità informatiche

Qualche commento aggiuntivo? _____

Grazie per aver dedicato del tempo a compilare il nostro sondaggio!
(Rivisto da PedTech - Indagine Pedagogia-Tecnologia)

Appendice B

Questionario 2: Sondaggio tecnologico post-corso (solo per la sezione in aula)
Si prega di fornire il maggior numero di informazioni possibile.

1. Cosa l'ha spinta a iscriversi ai corsi di informatica? _____

Sezione I: Struttura del corso

Utilizzando la scala fornita, si prega di valutare in che misura si è d'accordo o in
disaccordo con le seguenti affermazioni.

A	B	C	D
Fortemente d'accordo	D'accordo	Disaccordo	Fortemente in disaccordo

2. Il materiale dei corsi era significativo e rilevante.
3. L'istruttore è stato favorevole alle differenze individuali e ai modi di apprendimento.
4. Questo corso ha fornito sfide di apprendimento appropriate.
Nei corsi:
5. Mi sono sentito coinvolto attivamente nel mio apprendimento.
6. Sono stato in grado di stabilire obiettivi di apprendimento personali.
7. Ho usato strategie di apprendimento come gli appunti per tenere traccia del mio
apprendimento.
obiettivi. ___
Commenti sul corso struttura?

Sezione II: Apprendere con la tecnologia

Utilizzando la scala fornita, si prega di indicare la frequenza di utilizzo delle seguenti applicazioni nell'ambito di questo corso, sia all'interno che all'esterno delle lezioni.

A	B	C	D
Molto spesso	Spesso	Spesso A volte	Mai

Frequenza di utilizzo:

8. Complessivamente, quanto spesso ha usato il computer durante le lezioni?

9. Complessivamente, con quale frequenza utilizza le seguenti applicazioni al di fuori dell'orario di lezione?

A	B	C	D
Molto spesso	Spesso	Spesso A volte	Mai

E-mail

Internet (ad esempio, motori di ricerca come Google, ecc.)

Skype _____

Twitter

Elaboratore di testi (ad esempio, Word)

Eventuali commenti sull'apprendimento con tecnologia?

Sezione III: Efficacia percepita dell'uso del computer: dentro e fuori la classe

Utilizzando la scala fornita, si prega di valutare in che misura si è d'accordo o in disaccordo con le seguenti affermazioni.

A	B	C	D
Fortemente d'accordo	D'accordo	Disaccordo	Fortemente in disaccordo

Utilizzare un computer per questo corso ...

10. Mi ha aiutato a impegnarmi più attivamente nell'apprendimento.

11. Mi ha facilitato il ripasso del materiale che non avevo capito in classe.

12. Mi ha aiutato a fissare obiettivi di apprendimento realistici.

13. Ha aumentato la mia fiducia di poter imparare il materiale.
14. Ha aumentato il mio interesse per la materia del corso.
15. Ha reso i contenuti del corso più rilevanti dal punto di vista personale.
16. È stato adeguato alle mie esigenze e al mio livello di comprensione.
17. Ho aumentato le mie interazioni con gli altri studenti e/o con l'istruttore.
18. È stato abbastanza flessibile da consentire le differenze individuali nell'apprendimento.

Qualche commento sull'uso del computer per questa operazione?

Sezione IV: Efficacia percepita
Valutate la vostra conoscenza di queste applicazioni dopo aver seguito i corsi:

1	2	3	4	5
Nessuno	Debole	Medio	Buono	Eccellente

12. E-mail
13. Internet (ad esempio motori di ricerca come Google)
14. Skype
15. Twitter
16. Elaborazione testi (ad esempio, Microsoft Word)

Utilizzando la scala fornita, si prega di valutare in che misura si è d'accordo o in disaccordo con le seguenti affermazioni.

A	B	C	D
Fortemente d'accordo	D'accordo	Disaccordo	Fortemente in disaccordo

19. Nel complesso, i corsi di informatica sono stati buoni.
20. Nel complesso, l'istruttore è stato un insegnante efficace.
21. Nel complesso, ho imparato molto in questi corsi.
22. Il mio interesse per questa materia è aumentato grazie a questi corsi.

23. Consiglierei questi corsi ad altri.
Commenti sull'efficacia del corso o dell'istruttore?

Sezione V: Il sito web del corso di informatica

24. Avete utilizzato il sito web come aiuto supplementare? Sì No
25. In caso affermativo, avete trovato utile il sito web? Sì No
Se no, perché?_____

Commenti aggiuntivi:
Se ci sono domande, commenti o suggerimenti che desiderate aggiungere, vi preghiamo di inserirli nel foglio qui sotto. Saremo lieti di ascoltarvi! Tutti i commenti sono benvenuti.

_____

Grazie per aver dedicato del tempo a compilare il nostro sondaggio!
(Rivisto da PedTech - Indagine Pedagogia-Tecnologia)

Appendice C

Questionario 3: Sondaggio tecnologico post-corso (solo per la sezione mista)

Sezione I: Sondaggio sull'apprendimento misto
Utilizzando la scala fornita, si prega di valutare in che misura si è d'accordo o in disaccordo con le seguenti affermazioni.

A	B	C	D
Fortemente d'accordo	D'accordo	Disaccordo	Fortemente in disaccordo

1. Nel complesso, sono soddisfatto di questo corso
Indicare le ragioni della soddisfazione o dell'insoddisfazione
2. Se ne avessi l'opportunità, in futuro seguirei un altro corso con componenti sia online che faccia a faccia.

Indicare le ragioni per cui si è scelto di frequentare o meno un altro corso con entrambe le componenti.

3. Le componenti del corso online e in presenza si sono rafforzate a vicenda.

_____I

Se no, perché? _____

Rispetto ad altri corsi frontali che ho frequentato:

4. Questo corso offriva la comodità di non doversi recare spesso al centro.
5. Questo corso mi ha permesso di ridurre il tempo di viaggio settimanale e le relative spese.
6. Sono più impegnato in questo corso
7. È probabile che faccia domande in questo corso
8. Ritengo che la quantità di interazione con gli altri studenti in questo corso sia aumentata.
9. Mi sento in sintonia con gli altri studenti del corso
10. Mi sento isolato in questo corso
11. Ritengo che la quantità di interazione con l'istruttore in questo corso sia aumentata.
12. Ho difficoltà a utilizzare le tecnologie di questo corso
13. Mi sento più ansioso in questo corso _____
14. Questo corso ha richiesto più tempo e impegno ___

Si prega di fornire ulteriori commenti (ad esempio, mi sono sentito più impegnato/isolato/ o ansioso in questo corso perché...)

Preferenze sul formato del corso (cerchiare la risposta)

15. Se lo stesso corso viene offerto in formati diversi, quale formato preferisce?
    a. Formato del corso interamente frontale
    b. Formato di corso misto (corso online e faccia a faccia)

c. Formato del corso interamente online (senza lezioni frontali)

Sezione II: Struttura del corso

Utilizzando la scala fornita, si prega di valutare in che misura si è d'accordo o in disaccordo con le seguenti affermazioni.

A	B	C	D
Fortemente d'accordo	D'accordo	Disaccordo	Fortemente in disaccordo

16. Il materiale dei corsi era significativo e rilevante.

17. L'istruttore è stato favorevole alle differenze individuali e ai modi di apprendimento.

18. Questo corso ha fornito sfide di apprendimento appropriate.

Nei corsi:

19. Mi sono sentito coinvolto attivamente nel mio apprendimento.

20. Sono stato in grado di stabilire obiettivi di apprendimento personali.

21. Ho usato strategie di apprendimento come gli appunti per tenere traccia del mio apprendimento.

obiettivi. ___

Commenti sul corso struttura?

Sezione III: Apprendere con la tecnologia

Utilizzando la scala fornita, si prega di indicare la frequenza di utilizzo delle seguenti applicazioni nell'ambito di questo corso, sia all'interno che all'esterno delle lezioni.

A	B	C	D
Molto spesso	Spesso	Spesso A volte	Mai

Frequenza di utilizzo:

22. Complessivamente, con quale frequenza utilizza le seguenti applicazioni al di fuori dell'orario di lezione?

A	B	C	D
Molto spesso	Spesso	Spesso A volte	Mai

E-mail

Internet (ad esempio, motori di ricerca come Google, ecc.)

Skype _____

Twitter

Elaboratore di testi (ad esempio, Word)

        Eventuali commenti sull'apprendimento con

tecnologia?
_____

Sezione IV: Efficacia percepita

Valutate la vostra conoscenza di queste applicazioni dopo aver seguito i corsi:

1	2	3	4	5
Nessuno	Debole	Medio	Buono	Eccellente

12. E-mail

13. Internet (ad esempio motori di ricerca come Google)

14. Skype

15. Twitter

16. Elaborazione testi (ad esempio, Microsoft Word)

Utilizzando la scala fornita, si prega di valutare in che misura si è d'accordo o in disaccordo con le seguenti affermazioni.

A	B	C	D
Fortemente d'accordo	D'accordo	Disaccordo	Fortemente in disaccordo

23. Nel complesso, i corsi di informatica sono stati buoni.

24. Nel complesso, l'istruttore è stato un insegnante efficace._

25. Nel complesso, ho imparato molto durante i corsi.

26. Il mio interesse per questa materia è aumentato grazie a questi corsi.

27. Consiglierei questi corsi ad altri.

Eventuali commenti sull'efficacia del corso o

Istruttore? _____

Sezione V: Il sito web del corso di informatica

28. Avete utilizzato il sito web come aiuto supplementare? Sì No
29. In caso affermativo, avete trovato utile il sito web? Sì No
Se no, perché? _____
Commenti aggiuntivi:
Se ci sono domande, commenti o suggerimenti che desiderate aggiungere, vi preghiamo di inserirli nel foglio qui sotto. Saremo lieti di ascoltarvi! Tutti i commenti sono benvenuti.

_____

Grazie per aver dedicato del tempo a compilare il nostro sondaggio!
(Rivisto da: PedTech - Pedagogy-Technology Survey, Revised Blended Learning Survey for Students, Owston, R. (2012). p. 30-31)

Appendice D

Sondaggio sull'apprendimento misto per gli studenti

Utilizzando la scala fornita, si prega di valutare in che misura si è d'accordo o in disaccordo con le seguenti affermazioni.

A	B	C	D
Fortemente d'accordo	D'accordo	Disaccordo	Fortemente in disaccordo

1. Nel complesso, sono soddisfatto di questo corso.___

2. Se ne avessi l'opportunità, seguirei in futuro un altro corso che abbia
sia online che faccia a faccia. _____

3. Le componenti del corso online e in presenza si sono rafforzate a vicenda. ___

Rispetto ad altri corsi frontali che ho seguito:

4. Questo corso offriva la comodità di non doversi recare al centro come
spesso____

5. Questo corso mi ha permesso di ridurre il tempo di viaggio settimanale e le relative spese.

6. Sono più impegnato in questo corso

7. È probabile che faccia domande in questo corso

8. Ritengo che la quantità di interazione con gli altri studenti in questo corso sia aumentata.

9. Mi sento in sintonia con gli altri studenti del corso

10. Mi sento isolato in questo corso

11. Ritengo che la quantità di interazione con l'istruttore in questo corso sia aumentata.

12. Ho difficoltà a utilizzare le tecnologie di questo corso

13. Mi sento più ansioso in questo corso

14. Questo corso ha richiesto più tempo e impegno

Preferenze sul formato del corso (cerchiare la risposta)

15. Se lo stesso corso viene offerto in formati diversi, quale formato preferisce?

   a. Formato del corso interamente frontale
   b. Formato di corso misto (corso online e faccia a faccia)
   c. Formato del corso interamente online (senza lezioni frontali)

Adattato da: Owston, R. (2012). Indagine sull'apprendimento misto per gli studenti, pagg. 30-31.

Appendice E

Domande del quiz (per entrambe le sezioni)

Quiz del corso Microsoft Word 2007

Q1. Che cos'è MS Word?

A. È uno strumento di digitazione

B. È uno strumento di calcolo

C. È uno strumento computerizzato

Q2. Il modo più semplice per riordinare il testo nel documento è?

A. Tagliare, copiare e incollare.

B. Trascinamento e rilascio

C. Digitare e sostituire

Q3. Quale pulsante si usa per salvare il nostro documento?

A. Pulsante Home

B. Pulsante di revisione

C. Pulsante di inserimento

Q4. Si utilizza la scheda Inserisci per inserire un'intestazione e un piè di pagina in un documento?

A. Vero

B. Falso

Q5. Quale scheda si utilizza per modificare la dimensione dei caratteri?

A. Scheda Home

B. Scheda Formato

C. Scheda di revisione

Figura 7: Schermate del sito web di Google

Sito web di Google con tutti i corsi di informatica elencati.

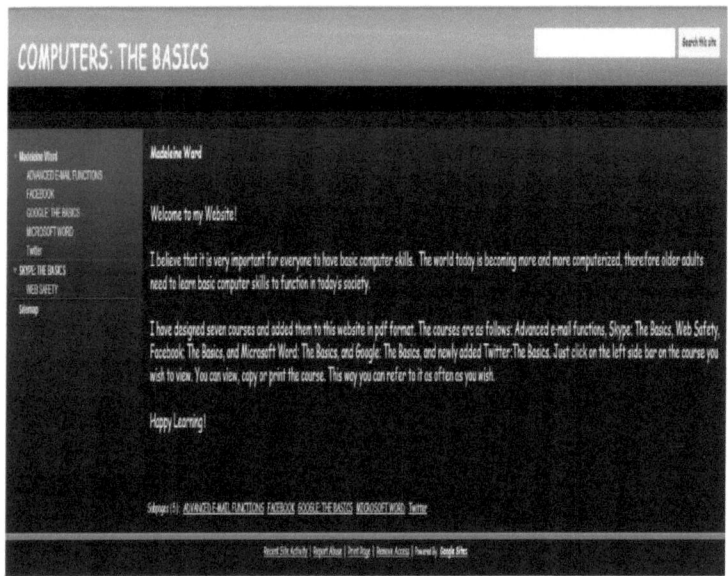

Quando si fa clic su un link per il corso richiesto, ad esempio, Funzioni avanzate di posta elettronica

Figura 8: Scelta del corso Funzioni e-mail avanzate

Dopo aver fatto clic sul file PDF del corso, vengono visualizzate le diapositive del corso. Gli studenti possono visualizzare o stampare le diapositive.

Figura 9: Slide del corso sulle funzioni avanzate della posta elettronica

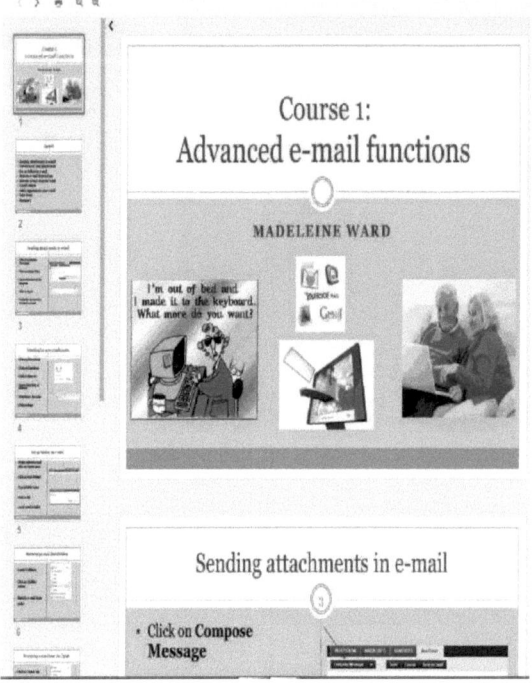

Dati di frequenza per l'indagine sulle conoscenze

Course	Question	Blended A	B	C	Classroom A	B	C
Facebook	1	7*		1	4*		
	2			8*			4*
	3	8*			4*		
	4			8*	3		1*
	5	8*			4*		
Word	1	4*		3	4*		1
	2	6*	1		4*	1	
	3	3*		4	2*		3
	4	5*	2		4*	1	
	5	1*	6		1*	3	1
Web Safety	1			9*			7*
	2	6*	3		6*		1
	3		9*			6	1
	4			9*			7*
	5		9*			7*	
Twitter	1	7*		1	5*		1
	2	1	6*	1	2	4*	
	3	5		3*	5		1*
	4	8*			6*		
	5			8*		1	5*
Skype	1	9*			4*		1
	2		9*			4*	1
	3	8*		1	1*	1	3
	4		9*		3	2*	
	5			9*		4	1*
Google	1	7*		2	7*		
	2	1	8*			7*	
	3	8*		1	7*		
	4		1	8*		1	6*
	5	3*	2	4	3*	1	3
Advanced e-mail	1	8*		1	3*	1	2
	2		9*			6*	
	3		1	1	7*	2	4*
	4			1	8*		6*
	5			1	8*		6*

Nota: gli asterischi indicano la risposta corretta alle domande.

Figura 10: Schermata del quiz di Survey Monkey

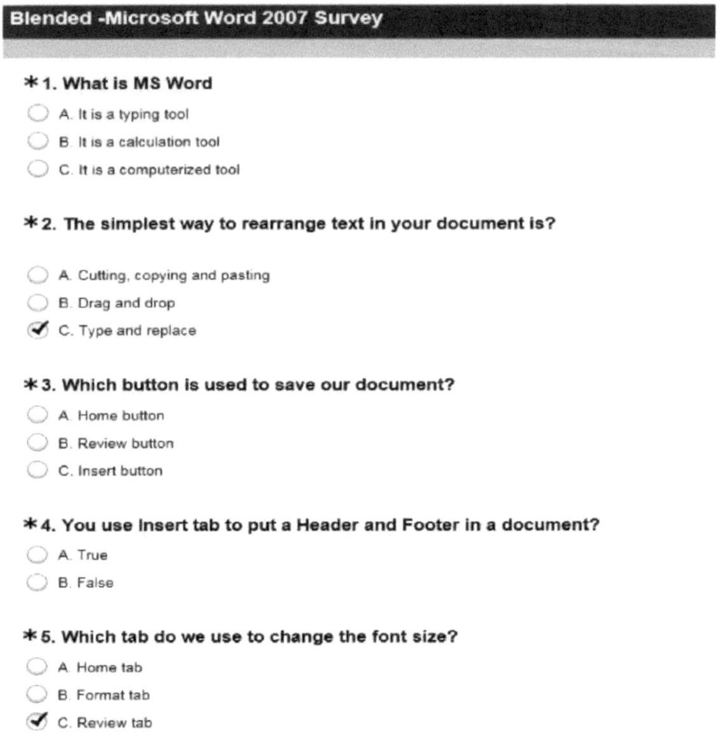

Blended -Microsoft Word 2007 Survey

✱1. What is MS Word

○ A. It is a typing tool

○ B. It is a calculation tool

○ C. It is a computerized tool

✱2. The simplest way to rearrange text in your document is?

○ A. Cutting, copying and pasting

○ B. Drag and drop

☑ C. Type and replace

✱3. Which button is used to save our document?

○ A. Home button

○ B. Review button

○ C. Insert button

✱4. You use Insert tab to put a Header and Footer in a document?

○ A. True

○ B. False

✱5. Which tab do we use to change the font size?

○ A. Home tab

○ B. Format tab

☑ C. Review tab

Figura 11: Schermata del sito web Lumosity

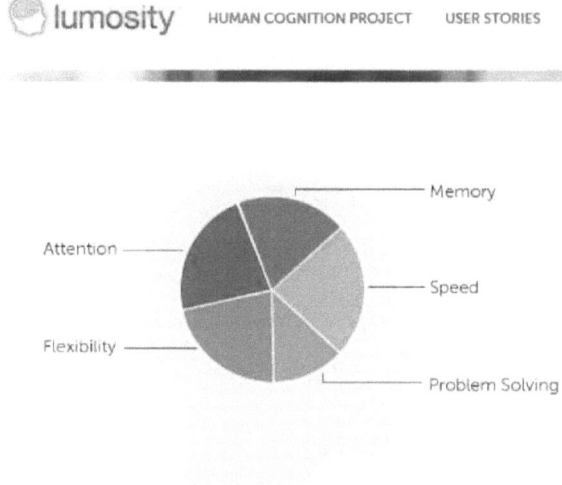

Scientifically designed games

Research shows that your brain creates new neural
circuitry when challenged—our scientists have turned
those challenges into cognitive games that improve
core cognitive functions.

Figura 12: Schermata del sito web PositScience

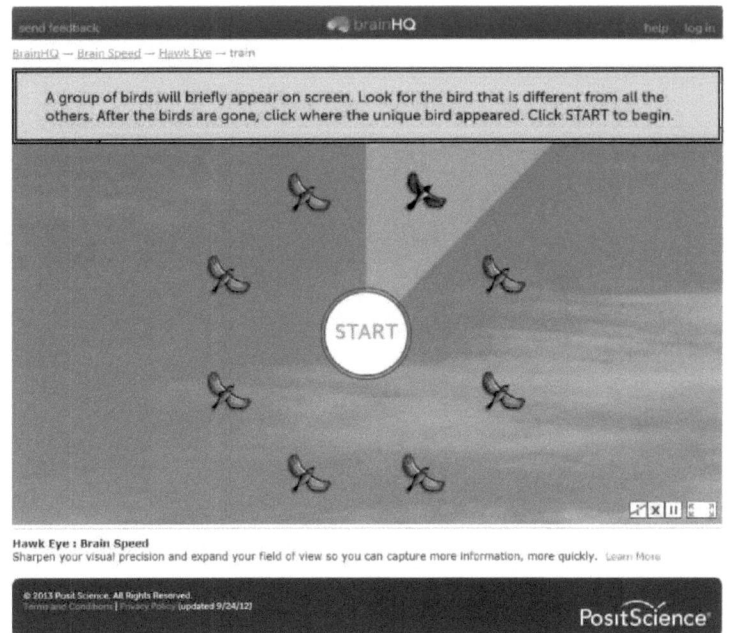

Printed by Books on Demand GmbH, Norderstedt / Germany